シリーズ 神学への船出 04
Crossing the boundary

一色 哲［著］
Isshiki, Aki

南島キリスト教史入門

——奄美・沖縄・宮古・八重山の近代と福音主義信仰の交流と越境

新教出版社

目次

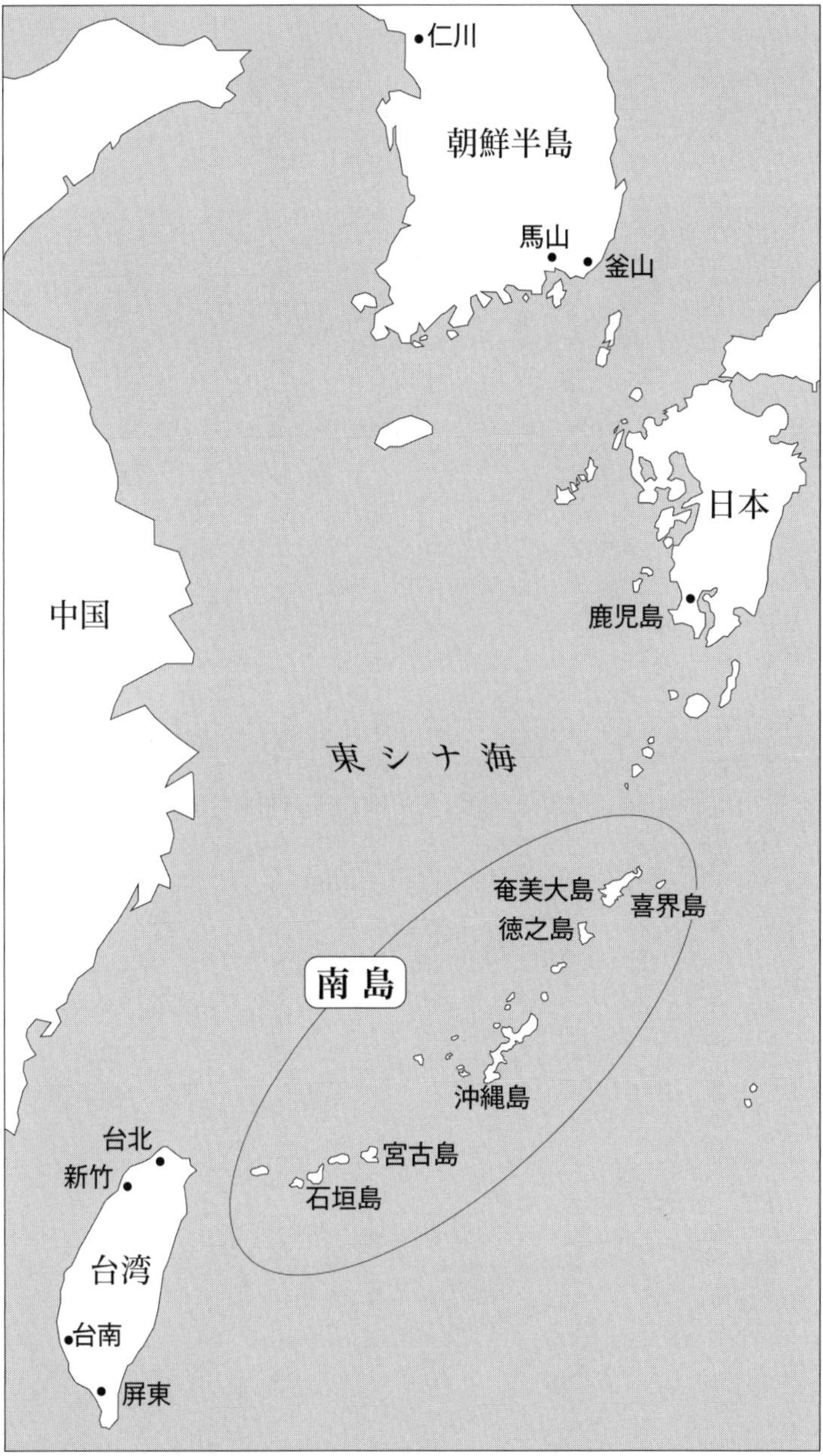

仁川
朝鮮半島
馬山
釜山
日本
鹿児島
中国
東シナ海
奄美大島
喜界島
徳之島
南島
沖縄島
宮古島
石垣島
台北
新竹
台湾
台南
屏東

はじめに　南島キリスト教の深さと広がり

「南島」(1)のキリスト教の近代以降のあゆみは、日本(2)のそれに必ずしも従属するものではなく、独自のものであった。そして、その歴史は、「深さ」や「広がり」を持った、豊かなものであった。しかも、そのような地域で歴史的に育まれてきた信仰のありようは、この地域がたどった歴史や育んできた文化と相似の関係にあると思われる。

そもそも、琉球王国の最大版図とほぼ重なる南島における文化は、日本のそれとは大なり小なり異質であると思われてきた。そして、そのことが、日本に住む者が南島に対していだくノスタルジックで神秘的な感情をかき立ててきた。しかし、そのような感情は、日本と南島の単なる言語や風俗・習慣の差異によってのみ生じているのではない。

そのノスタルジーは、日本という国家から見た南島の辺境性・周縁性にも由来する。南島には、辺境・周縁であるがゆえに、日本文化や日本国家が包摂しようとしてしきれない部分が、過去も、現在も、存在してきた。それゆえに、南島を旅する日本人は、そこに〝失われた古き良き時代の日本〟の残像を感じてきた。しかし、それは自己（日本、および、日本人）の願望を投影した幻影に過ぎない。南島を旅する日本人は、自らは「本土」にいて、先進的で文明的な生活を享受しつつ、常に日本国家の「内部」であり続け、南島には「辺境」ゆえの「後進性」を押しつけながら、そこに「癒し」を求めてきたのである。そして、それが、日本人による南島に対する未必の差別性を、今日まで温存させてきた。

また、その「後進性」に依拠しながら、南島を「本土」よりも「遅れた内部」と措定し、あこがれやノスタルジーでそこに現実に存在する矛盾や対立をおおいかくすという陥穽（おとしあな）に、多くの日本人たちは気がつかないでいる。そして、その陥穽が、日本と南島の〝相互理解〟を妨げてきた。このような陥穽は、南島のキリスト教に対する日本人キリスト者の意識にも見出せる。そのようなまなざしを自分でも内部に抱えこんでいることを、日本人のひとりとして自覚しながら、筆者は、これから南島のキリスト教の実相にきちんと向きあっていきたい。

現在、南島には三三〇余りのキリスト教会があり、約五万人の信徒（人口比でいうと約三・五％）が暮らしている。[3] 南島の教会は、教派も多彩で、単立教会も含めてペンテコステ系などの福音派・聖霊派の教会が多いことも特徴的である。そして、それらの福音派・聖霊派教会は、概して規模も大きく、若い人たちもたくさんいて、活気に満ちている。また、平和運動や反米軍基地闘争などに熱心な信徒・伝道者もいる一方で、在沖米軍基地とつながりの強い教会も存在する。

それでは、なぜ、南島に多くの教会が建てられ、現在でも多くの人の信仰を集めているのだろうか。筆者はその原因に迫るために、本書を通して以下のことがらを明らかにしていきたいと考えている。

まず、この地域にどのような契機でキリスト教がもたらされて、それを人びとはどのように受容したのかを、奄美・沖縄・宮古・八重山の各群島・地域を巡りながら、日本近代史、南島史、東アジア近代史の文脈に位置づけながら歴史的に再構成していきたい。そして、南島キリスト教史を構造化することで、「日本」キリスト教史、あるいは、教派・教団史と対置するだけではなく、東アジアのキリスト教史やハワイ、南洋群島、米国本土のそれとの関係でとらえて、その中で人びとの間にどのような信仰がはぐくまれていったかについて、考えていきたい。

ところで、これまで南島キリスト教史はどのように語られてきたのだろうか。南島のキリスト教について統合的に論じたものは、安齋伸『南島におけるキリスト教の受容』（第一書房、一九八四年）のみである。これは宗教社会学の立場から書かれたものであるが、各地域・教会の歴史的経緯も充分にふまえられている。この実地調査（フィールドワーク）をふまえた詳細な研究により、南島各地の信仰の特色が統合的に理解できるようになっている。

しかし、これ以降、三〇年間、南島全体に関わるキリスト教についての統合的な研究は全くなされていない。とはいえ、南島各地の個別研究は少しずつ前進してはいる。筆者のこれまでの研究もその一環である。

また、石川政秀『沖縄キリスト教史——排除と容認の軌跡』(いのちのことば社、一九九四年)は、近代以降の沖縄キリスト教史の通史的代表作である。石川は、戦後、沖縄の教会で活躍した牧師であるが、那覇中央教会の教会史などを編集した教会史家でもあった。石川は、沖縄のキリスト教伝道を琉球の歴史や文化と関連させて明らかにした。

もう一つ、現代の沖縄のキリスト教に関する研究であるが、池上良正『悪霊と聖霊の舞台——沖縄の民衆キリスト教に見る救済世界』(どうぶつ社、一九九一年)を挙げておく。池上が戦前の日本のホーリネス教会に関する歴史的な研究をふまえて本書で提示した「民衆キリスト教」という枠組みは、南島の島々に住む人びとの信仰をつなぎ、その特質を明らかにするキーワードであると筆者は考えている。そして、「民衆キリスト教」は、戦前の台湾にも存在していることを藤野陽平は『台湾における民衆キリスト教の人類学——社会的文脈と癒しの実践』(風響社、二〇一三年)で示している。つまり、戦前、南島から台湾にかけて、共通する福音主義的信仰による「民衆キリスト教の弧」が歴史的に形成されてきたという仮説は魅力的でもある。

さて、筆者は、南島キリスト教史研究に、次のように関わってきた。

筆者がフィールドワークで初めて沖縄を訪れたのは、一九九八年のことであった。そして、最初に着手したのは、米軍占領下の沖縄島のキリスト教史についての研究であった。そこで学んだのは、占領期の沖縄のキリスト教は、米占領軍との関わりがとても強かったということである。それゆえに、沖縄の教会や沖縄人キリスト者の動向は、米占領軍を容認・利用するか、距離を保ち、反対していくかの二者択一で決定されてきた。また、教会をとりまく関係も米国本土や日本の教会・教団との関係に限定されていた。

その後、筆者は研究対象地域を宮古・八重山の各群島（先島地域）、奄美群島に広げ、戦前期についても研究を始めた。こうして戦前と戦後を横断的に見ていくと、南島のキリスト教伝道を構造化することが可能であり、そこに共通するある南島特有の信仰のあり方を見出すことができると考えるようになった。

この南島特有の信仰のあり方の一つが南島キリスト教の「深さ」である。また、そのような信仰が南島をとりまくさまざまな国家や地域からの、また、多様な教派・伝道者の波状的な伝道を受けて、その都度活性化してきたことは南島キリスト教の「広がり」であると考えている。

まず考えたいのは「深さ」についてである。南島には人びとが救われるべき内実があり、それが南島キリスト教の「深さ」をつくりだしてきた。日本キリスト教史では、近代以降、欧米由来のキリスト教は日本に文明化の恩恵をもたらし、もっぱら近代化の恩恵を享受する階層に受容されたと理解されてきた。しかし、近代化には「明」と「暗」がある。南島にとっての近代化とは、日本の内国植民地となることであった。それゆえに、近代以降、日本の南島に対する経済的搾取と収奪は強化され、貧困化も加速した。それにともなって、帝国日本の植民地と同様に、南島人に対するいわれなき差別も顕在化した。つまり、南島にとっては、近代化の「暗」の側面が際立っていたのだ。

しかも、後に述べる通り、近代以降、南島地域にキリスト教がもたらされるのは、この地域で日本近代化の歴史的矛盾が明らかになる二〇世紀への世紀転換期であった。それぞれの地域の指導者たちが近代化を目指して世界的宗教であるキリスト教を斡旋・誘導したことは、日本の各地域にも見られた現象であった。また、この時期に南島に派遣された欧米人宣教師も、日本人伝道者もそのような意図や期待を充分に理解していた。

しかし、歴史的・集団的（民族的）苦難にさらされ、搾取や抑圧、差別に呻吟する南島の人たちは、日常生活の場で救済を切実に待ち望み、あるいは、超人的な努力を重ねることで自己実現や社会的上昇をはかるほかはなかった。そのような人びとが育んできたキリスト教信仰は、欧米人宣教師や日本人伝道者が南島の地に伝えようとしたものとは必ずしも一致しなかった。

こうして、南島の人びとが、近代以降、歴史的・民族的試練に直面し、救いや癒しを切実に、激しく求めて、信仰を深化させながら受容してきたあり方には共通の様式が見られる。このようなキリスト教受容のあり方は、欧米列強の強大な圧力を受け、帝国日本の周縁部に編入された東アジアの諸国・諸地域のそれと共時性が確認できるのではないか。そのような信仰のあり方こそが、先に述べた「民衆キリスト教」であり、その南島固有の信仰の深まりは、地理的時間的広がりを予感させる。

この南島キリスト教史の「広がり」は、これまで述べてきたその地域の周縁性に起因する。

一つの辺境は、他の辺境に最も近い——。

国家や社会の辺境・周縁であることとは、必ずしも思考や行動を制限したり、阻害したりすることを意味しない。場合によっては、他の国家・地域の辺境と互いに交流し、影響を受けて、中心や中央にはない思考や行動を生みだす可能性を秘めている。

近代以降、日本の帝国主義的膨張に伴って、移民や出稼ぎなど、内外にわたる人口移動が激しくなった。それにともなって、日本のキリスト教の伝道圏は拡大し、信徒・伝道者の行き来も激しくなった。帝国日本の外縁部では、人の行き来のたびにくり返される鮮烈な信仰上のインパクトで、教会や信仰が革新・活性化をくり返してきた。

こうして見ると、これから論じる戦前の沖縄教会は、戦後とは比較にならないほど、越境的・活動的であり、日本キリスト教史・日本教会の辺境・周縁的位置にありながら、グローバルな存在でもあったことが明らかになる。

それと同時に、南島全体のキリスト教伝道は、一つの完結したシステムであり、歴史的に構

《図―Ⅰ》

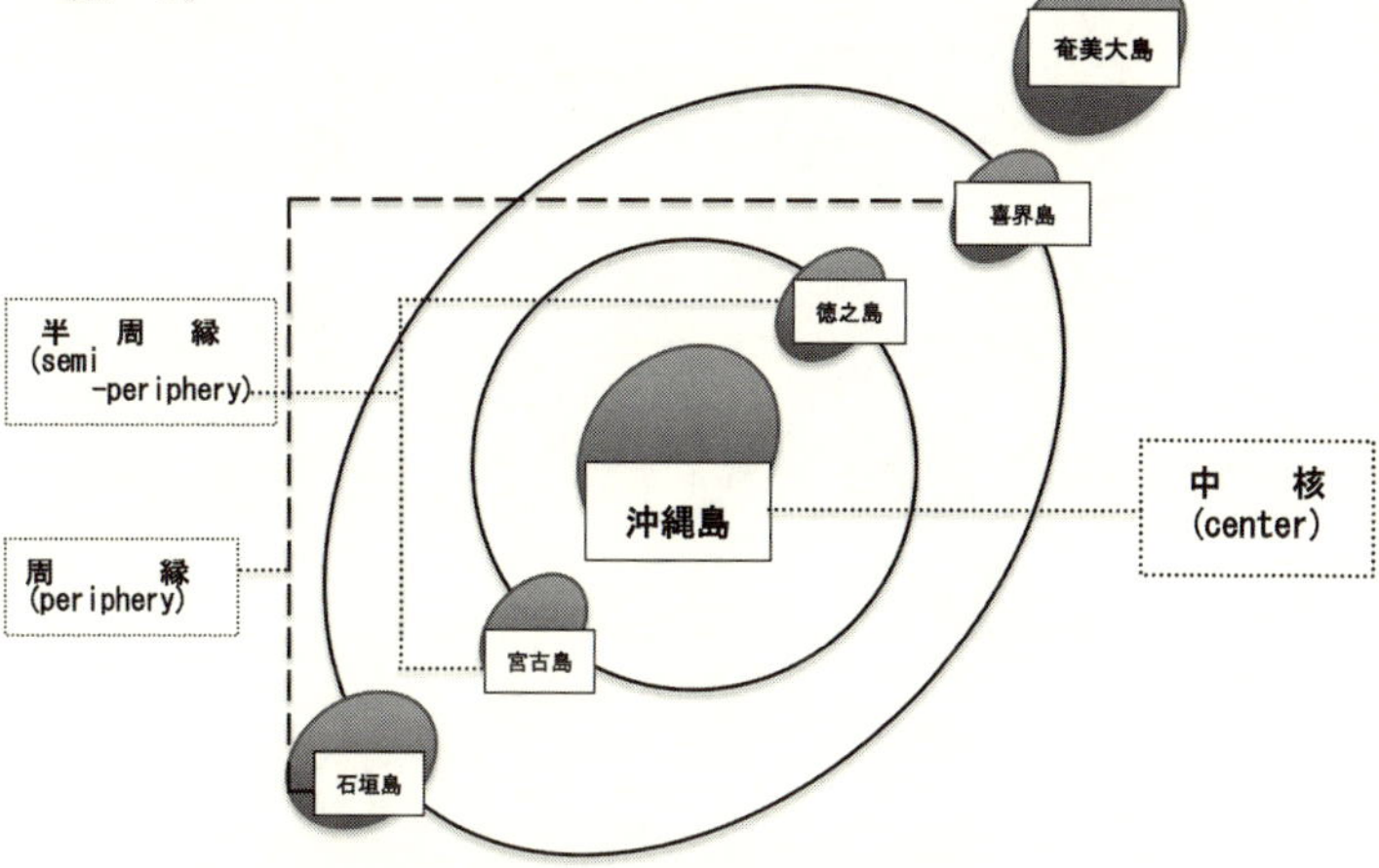

造化されたものであった。詳細は以後の記述に譲るが、南島キリスト教の史的構造は、《図―Ⅰ》の通り、沖縄島を「中核」として、徳之島や宮古島が「半周縁」地域と位置づけられ、喜界島や石垣島は「周縁」地域として成り立っていた。そして、「中核」だけではなく、「周縁」地域でも、台湾や朝鮮半島など帝国の植民地との交流が認められる。そして、それらは、日本から南島を経由して台湾へと「貫流」する信徒・伝道者の動態と、植民地や南島キリスト教の周縁地域、満洲や南洋群島などの帝国勢力圏を「循環」する人の流れを産み出すシステムであった。また、南島各地の信徒・伝道者の中には、ハワイや米国本土へと「越流」し、「還流」した者たちも多数いた。《図―Ⅱ》はその概念図である。

　筆者は、そのような近代以降の帝国日本のキリスト教の動態と南島キリスト教信仰の形成を、東アジ

《図—Ⅱ》

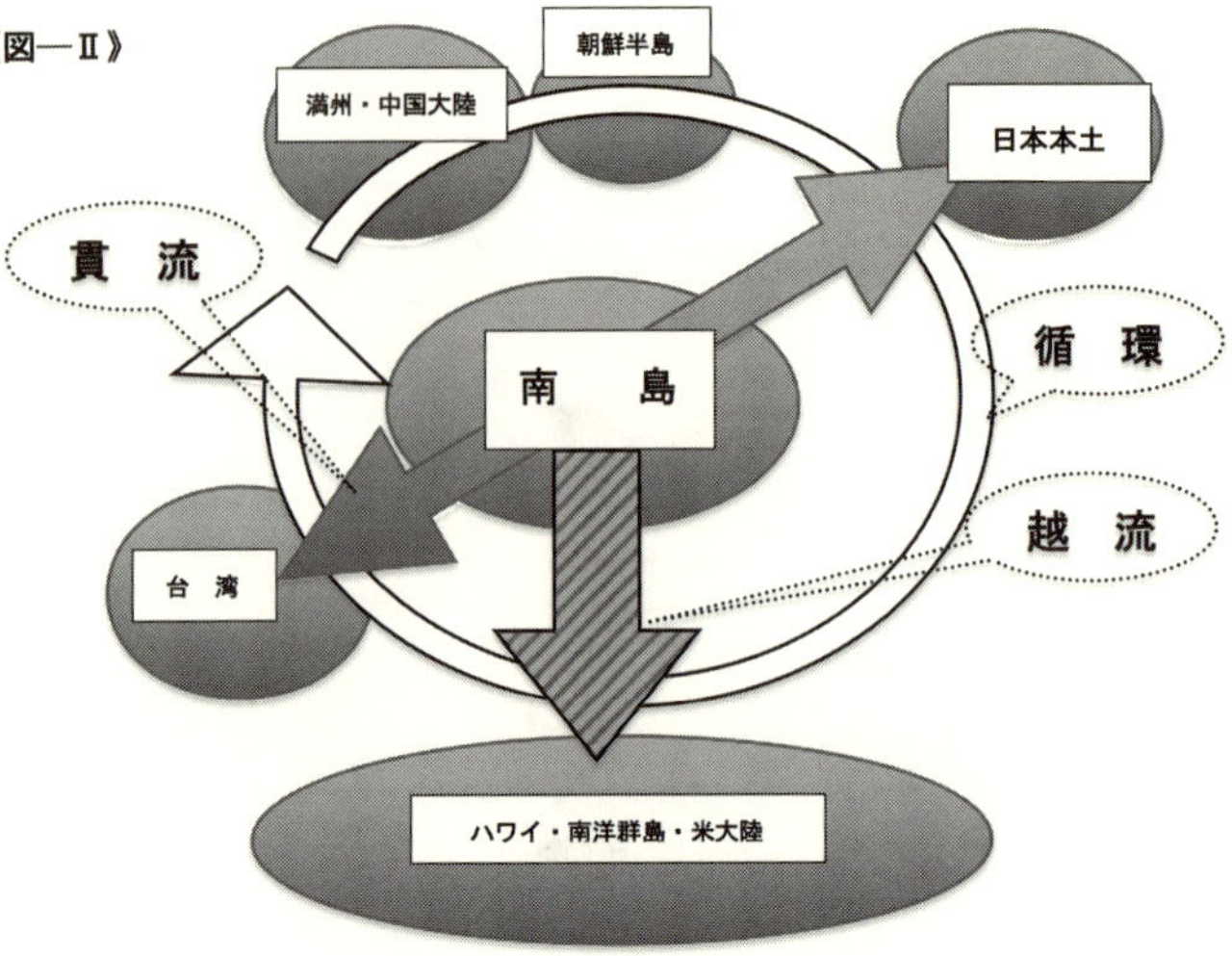

アのキリスト教交流史の一環としてとらえることができないだろうかと考えている。そのような、「南島キリスト教史」は、果たして可能なのであろうか。

　現在進行中の沖縄島の米軍普天間基地の辺野古沖への移転問題は、本稿執筆時点ではまだその帰趨が決していない。しかし、反対運動は持続的で、二〇一四年一一月の県知事選挙でもこれまで対立してきた党派どうしで共闘関係（オール沖縄）が構築され、大きな成果を挙げた。この「島ぐるみ」運動の参加者が共通して求めているのは、沖縄の「自己決定権」ではないのだろうか。実は、これから論じようとする南島キリスト教史も、その「自己決定権」に関わる。

　これまでの「日本キリスト教史」は「一国伝道史」に基づく教派・教団史と、それに従属する

「地方伝道史観」で研究・叙述されてきた。そこで、まず、南島キリスト教史を「日本キリスト教史」から「自立」させ、「自律的」に叙述したいと考えている。

つぎに、筆者は、南島キリスト教史を通して、宣教師や伝道者だけではなく、信徒自らが地域の伝道の主体となることができる可能性を探っていきたいと思う。

そのために、本書執筆に当たっては、史料の調査と選択には、注意を払ってきた。まず、これまで知られていなかった一次史料（個人の手記や教会関係史料など）を使用し、関係者に対して聞き取り調査を行った。これは、これらの資料を所蔵しておられた関係者のご協力による。それから、戦前の『琉球新報』など、南島各地で発行されたり、奄美群島に関わりがある鹿児島県内で刊行されたりしている新聞や雑誌についても、できる限り目配りを行った。それに加えて、これまで公刊されている書籍などに散見される南島キリスト教史関係の記述を抜き出し、選択し、再構成して歴史の全体像をなるべく忠実に再現しようとした。また、調査した文献については、キリスト教関係に限定せず、なるべく幅広く収集することを心がけてきた。こうして、以下のことがらが、本文で明らかにされたと思う。

南島に自律的なキリスト教の伝道史は存在しないのではない。敢えていうならば、それは、研究者や日本の教派・教団によって、見落とされ、奪われてきたのだ。したがって、〝南島キリスト教史を調べ、叙述する〟という試みは、奪われてきた歴史を取りもどすことでもある。

序　章　南島キリスト教史の構造と概要

第1節　日本伝道の「橋頭堡」としての琉球――琉球王国時代の宣教師の動向を中心に

一九世紀の琉球には、日本よりも早く宣教師が到達していた。それにも関わらず、琉球王国ではその後しばらく教会が形成されなかった。ここに近代初頭の日本に対するキリスト教伝道の構造的問題の一端が表れている。そこで、ここでは琉球王国時代の宣教師の動向からその構造的問題について考えていきたい。

これまでの研究[4]によって明らかになっている範囲でいうと、琉球王国時代、一時寄港を含めてのべ三〇名近くの宣教師が来島している。まず、一七世紀中葉に、ドミニコ会のスペイン人などの宣教師が六名と日本人宣教師一名が、禁教下の日本潜入を目指して来島する。また、一九世紀初頭には琉球に寄港した艦艇にいずれもプロテスタントの宣教師が乗り組んでいた記録がある。

そして、一八四四年にフランス人でパリ外国宣教会のフォルカードが、まず、那覇・天久《あめく》の聖現寺《しょうげんじ》に定着して伝道を始める。その後、後述のベッテルハイムなども来島したが、この時期の宣教師一八名の内訳は以下の通りである。まず、カトリックが九名で、いずれもパリ外国宣教教会からの派遣であった。うち八名はフランス国籍で、一名は清国人である。また、プロテスタントも九名で、国籍はイギリス、ドイツ、米国である。教派は英国国教会、会衆派、バプテストとなっている。

実は、《琉球＝沖縄》のキリスト教伝道は、二度にわたる伝道上の空白を経験している。一度目は琉球の禁教政策（詳細は後述）の影響で、これは日本でも見られる。次に、一九世紀後半に見られる二度目の約三〇年間の空白であるが、これは日本にはない現象である。このような伝道上の空白が生じたのは、宣教師とその派遣団体の東アジア伝道戦略による。つまり、当時ある程度中国大陸で伝道していたこれらの宣教師の最終目的地は日本であって、ごく一部の者を除いて、彼らは琉球宣教の意図をほとんど持っていなかったのだ。したがって、宣教師たちは、日本で事実上伝道が解禁されると日本に殺到し、琉球への宣教師の派遣は中断する。

ところで、琉球人たちは、いつ頃、初めてキリスト教に出会ったのであろうか。一四世紀後半から一六世紀にかけて、琉球人がグローバルな交易活動を展開した時代を、琉球史では「大交易時代」という。一四五八年、尚泰久《しょうたいきゅう》王の命により鋳造され、首里城正殿前に掲げられた「万国《ばんこく》津梁《しんりょう》の鐘」には、外交と交易を国是とする王国の意志が刻まれている。その意志の通り、琉球王国は中国や朝鮮だけではなく、東南アジア各地で活発に交易し、一大中継交易国家となっていった。

また、これら琉球人の活動は、一五世紀の西欧人の文書にも「レキオ（琉球）」「レキオス（琉球人）」として記録されている。したがって、文献上の裏付けには乏しいが、この時代に琉球人が個別にキリスト教に触れた可能性は高く、異国の地で信仰を得た者がいると考えても、決して不自然ではない。この意味で、当時から琉球はキリスト教受容のポテンシャルが高い地域であった。

しかし、この大交易時代も一六世紀には周辺の国際情勢の変化で衰退に向かい、一六〇九年の薩摩による琉球侵攻により完全に終焉を迎えた。この侵略で、奄美群島は薩摩藩に併合された。また、琉球王国は形式的には独立を保ち、中国の王朝との冊封関係も維持されたが、実質的には薩摩藩による植民地的支配を受けることになった。そして、そのことは、キリスト教を含む琉球王国の宗教政策に大きな影響を与えた。

ところで、真栄平房昭《まえひらふさあき》は、一七世紀初頭、交易の際に異国で信仰に触れた人びとが王国内にいて、その信仰を堅持し、宣教師の派遣を待ちわびているという西欧人による記録があると述べている。同時に、石川政秀が「黎明期の琉球宣教」と呼んだこの時代のキリスト教は、危機に直面していた。

村井早苗は、『キリシタン禁制の地域的展開』（岩田書院、二〇〇七年）で、日本だけではなく、蝦夷島（北海道）や琉球でのキリスト教の禁教政策についても詳しく考察している。それによると、薩摩藩の支配下の琉球王国でもキリシタンの禁教政策がとられたことが分かる。(5)

ところが、日本の禁教以降も宣教師たちはマニラなどを拠点として、しきりに日本への潜入を試みている。そして、彼らは、琉球王国に一時的に滞在することがあった。しかし、彼らは琉球での宣教を目的にしたのではなく、主目的はあくまでも日本での福音宣教であった。

一六三〇年代になると、薩摩による宣教師の琉球王国への入国の取り締まりが一段と強化された。その背景には、マニラや台湾を経て、南島伝いに侵入してくる宣教師のルートを完全に遮断しない限り、日本でのキリシタン勢力の復活や再生産を防ぐことはできないという幕府や薩摩藩の危機感があった。また、真栄平は、徳川幕府が日本へのキリスト教伝道の阻止のためにマニラ出兵を計画していたと述べている。

さて、琉球王国での伝道が困難であった原因の一端は、薩摩藩による厳しい監視にあった。しかし、同時に、琉球伝道が有望であるとの宣教師の報告があるにも関わらず、実際には、宣教師の派遣団体が、日本での宣教に集中し、琉球ではほとんど定着伝道を実施する意志を持たなかった点も無視できない。

この禁教下での宣教師来島の象徴的なできごととして、一七世紀前半に起こった「八重山キリシタン事件」が挙げられる。一六二四年、ドミニコ会の神父であるルエダを乗せたスペイン船が八重山群島の石垣島に漂着した。このルエダは、一六〇四年から二〇年まで西九州で布教活動をしていたが、病気の治療と宣教体制の立て直しのため一旦マニラに引き揚げた。そして、再び禁教下の日本に潜入する途上で、石垣島にたどり着いたのであった。

島の有力者である石垣永将《いしがきえいしょう》は、ルエダを自宅で歓待したといわれる。青山玄『石垣永将の殉教――琉球最初のキリシタン』(聖母文庫、一九九七年)によると、文献的裏付けはないものの、永将はルエダから受洗したと推定される(この点については異論もある)。また、ルエダは島内の南海山桃林寺(臨済宗)を訪問し、禅僧と宗教論争を行った。そして、結局、この僧の告発により、ルエダは粟国島《あぐにじま》に連行され、そこで殺害される。

また、石垣永将とその一族は、家財没収の上、離島に流刑となった。しかし、この流刑は永将の不品行が主たる理由であり、キリシタンであることは訴因の一つに過ぎなかった。ところが、一〇年後の一六三四年、薩摩藩は、永将とその弟をキリシタンとなった廉で火刑に処した。これは、宣教師・キリシタンの取り締まりと、琉球王国の先島に対する支配強化のための「みせしめ」であった。

この他、この「琉球宣教の黎明期」には何人かの宣教師が来島している。それらの宣教師も薩摩を通して長崎に送られるなどして「殉教」している。彼らのいずれも琉球定着宣教の意図を持っておらず、したがって、彼らが琉球各地に西洋の先進的文明をもたらした形跡は、日本に比べて極めて乏しいといえる。

さて、その後、約二〇〇年の空白期間を経て、一八四四年にパリ外国宣教会のフォルカードら、次いで、四六年には英国海軍琉球伝道会のベッテルハイムが来琉し、伝道が再開される。再度述べるが、この時期の宣教師の特徴は、上海や香港を出発し、日本を目指す途上で琉球に立ち寄った点にある。幕末の日本では禁教政策が続いていた。そこで、宣教師たちは、日本伝道に備えて日本語を習得するなどの目的で、琉球に一時滞在したに過ぎない。したがって、宣教師たちは、一部の例外を除いて、琉球での福音宣教にほとんど興味を示さず、教会だけではなく、ミッションスクールや社会事業施設をつくり、運営するなど、琉球の近代化や文明化に貢献したことも、ほとんどなかったといえる。

その例外は、英国海軍琉球伝道会である。この伝道会は、一八一四年、バジル・ホールとともに来琉したクリフォードによって創設された。琉球においてプロテスタントとして最初の、また、全体でも最長の定住伝道を行ったベッテルハイムもこの組織から派遣された宣教師であった。山口栄鉄『異国と琉球』(榕樹書林、一八八一年)によると、クリフォードは、来琉中に、琉球王府の真栄平房昭(先述の真栄平とは別人)に英語を教え、真栄平からは琉球語を教わったという。

また、ベッテルハイムは家族とともに来琉し、八年間の滞留中、少なくとも前半の数年間は街に出て、琉球人たちに積極的に伝道を試みた。

また、ベッテルハイムは琉球王府の通訳官であった板良敷《いたらしき》（牧志《まきし》）朝忠《ちょうちゅう》とも親交を結び、彼に英語を教授した（朝忠は、フォルカードからフランス語も学んでいる）。また、医師の仲地紀仁《なかちきじん》に牛痘法を密かに伝授したといわれている。つまり、彼は限定的ではあったが、琉球の近代化に貢献した。その結果、彼は、沖縄県の医師会（界）を中心に離琉後も《琉球＝沖縄》社会で永く顕彰されてきた。

移動手段が限られていた時代に異国に渡ってきた宣教師たちは、宣教に対する高い志を持っていた。そのような宣教師個人の献身的な想いと、その派遣団体の戦略的意向とは基本的に区別して考えなければならない。クリフォードやベッテルハイムは、琉球伝道のための組織に属していた。しかし、他の宣教団体が日本伝道を琉球伝道に優先させた結果、琉球人たちの魂の救済は置き去りになった。一九世紀の末までの沖縄伝道の「空白の約三〇年」はこうして生じた。そして、日本伝道が始まって各教派・教団がとった「都市から地方へ」という伝道戦略により沖縄伝道は後回しにされたのである。

前にも述べたように、沖縄を含む南島は、二〇世紀初頭から現代に至るまで、キリスト教が最もよく浸透した地域の一つである。しかし、宣教師たちは、この〝宝の諸島〟を日本伝道の「橋頭堡」としてしか利用しようとせず、橋桁のごとく通過（スルー）して、布教が黙認されると、日本へと殺到していったのである。

また、《琉球＝沖縄》の地域社会と宣教師との関係を現代まで通して見ると、政治的・戦略的に《琉球＝沖縄》を利用している宣教師が多いことに気づく。一九世紀末の「沖縄再開教」以後、琉球に派遣された宣教師の中には、以降の連載で述べる通り、シュワルツやブールなど、沖縄の知識人に多大な影響を与えた者もいた。一方、戦後、占領下の沖縄に派遣された約五〇名の宣教師の中で、沖縄に貢献し、人びとの記憶に残っている者はほんの数名に過ぎない。それ以外の宣教師の中には、米国政府や占領軍の政治的な意図に添って行動した者も多くいた。

ともかく、文明化の宗教の担い手であった宣教師たちが踏み台とした島々には、福音宣教を切実に待ちわびる人びとがいた。それらの人びとの想いを明らかにするのが以後の課題である。

第2節　ベッテルハイム顕彰行事から見た近代沖縄キリスト教史の概観

筆者は、「はじめに」で、「キリスト教交流史」という研究の視座を提起した。その際、従来の「日本キリスト教史」の中の「一国伝道史」的研究と、それに基づく「地方伝道史観」を批判した。この「キリスト教交流史」という視座から見た「ベッテルハイム以後」の南島では、信徒や伝道者の盛んな交流により、それぞれの島や地域では、一度きりではなく、幾度となく、さまざまな伝道上のインパクトを受けて、多数の教派の教会が各地に形成されていったということがよく分かる。そして、そのたびごとに、キリスト教に対しては、南島における新しい存在意義が与えられてきた。そこで、以下では、「ベッテルハイム以後」の沖縄で彼がどのように表象されてきたかを検証し[6]、南島キリスト教史全体の課題を次のように提起したい。

ベッテルハイム伝道は、従来からいわれているように、沖縄キリスト教史の一つの起点となっている。そこから、沖縄の教会やクリスチャンたちが、一九世紀後半や沖縄戦での宣教活動の歴史的断絶を克服し、その起点からの信仰の連続性を主張することが可能となったという点で、沖縄教会の自律の原点となっている。また沖縄では、ベッテルハイム顕彰行事が、信徒以外の各層の人士や一般市民を挙げて行われてきた。このような地域社会とキリスト教会の関係を解明することで、キリスト教受容の新しい類型が明らかになると考えられる。そして、ベッテルハイム顕彰行事における彼の表象は、キリスト教への地域社会の各時代の要請を表している。それに応えうる新たなキリスト教が地域社会に受容されたことが、南島のキリスト教の多様性と重層性へとつながっていったことをたどっていきたい。

さて、ベッテルハイムについては、照屋善彦『英宣教医　ベッテルハイム――琉球伝道の九年間』（人文書院、二〇〇四年）などで詳しく述べられており、ここでは先行研究に基づいた概要だけにとどめておく。彼は、一八四六年、妻子とともに那覇に上陸する。琉球王府は、彼を那覇の波之上の護国寺に居住させた。当初は、周辺の住民との交流もあったらしく、「波上《なんみん》の《ぬ》眼鏡《がんちょう》」と呼ばれて親しまれたという。しかし後半は、役人や住民とのトラブルによりなかば軟禁状態になり、活動が制限された。彼の琉球伝道の成果としては、四福音書の琉球語訳が挙げられる。また、先述の通り、地元の医師・仲地紀仁へ牛痘法を伝授している。しかし、伝道上の成果については、目覚ましいものはなかった。

結局、彼は、一八五四年七月、ペリー艦隊に連れられて琉球を離れ、一家は米国に移住する。しかし、ベッテルハイムが沖縄社会の中で忘れ去られることはなかった。それを証しする彼の顕彰行事は、管見の限りでは、戦前には二度、一九二六年五月（八〇周年）と一九三七年五月（九〇周年）に行われている。また、戦後のまとまった顕彰行事は四回で、一九五四年五月（一〇〇年記念）、一九六六年五月（一二〇年記念）、一九九六年五月（一五〇年記念）、二〇一〇年三月（一六三年記念）である。

第一回目の八〇周年の顕彰行事は、まず、プレイベントとして、五月二日に教会中心の「博士ベッテルハイム渡来満八拾年記念」の礼拝（朝・夕）と講演会から始まった。そして、一八日には、記念碑の除幕式へと続いた。また、この日から二三日まで、六日間連続で「ベッテルハイム渡来八十年記念運動」と銘打った講演会が沖縄島各地の教会や公会堂、学校で行われた。この他、記念式典にあわせて、日本や奄美から伝道者が多数来島し、伝道集会も各地で活発に開催されている。

この八〇周年を主導したのは、メソジストの宣教師E・R・ブールである。ブールの事蹟は、伊佐眞一編著『アール・ブール　人と時代』(私家版、一九九一年)に詳しい。彼の沖縄での在任期間は一九一一年から二年間に過ぎなかったが、その後も沖縄と深く関わり、沖縄の知識人に大きな影響を与えたという。

ブールは、沖縄に来る前からベッテルハイムに強い興味を持っていた。そして、彼は、離日を控えた一九二三年頃からベッテルハイムの記念碑や伝記の出版の実現に奔走するようになる。その結果、閑院宮や、大隈重信、小村寿太郎、陸奥宗光といった明治政府の要人の家督相続人、それに、大蔵大臣・東京市長を務めた阪谷芳郎(7)などから寄付を得た。

それらの人物とブールを仲介したのは札幌農学校出身の志賀重昂であった。志賀は、ベッテルハイムの略歴を記した募金のためのリーフレットを作成し、二、〇〇〇枚を全国の有力者に配布している。その現物は、「東恩納寛惇《ひがしおんなかんじゅん》氏宛書簡　上」(沖縄県立図書館所蔵)の志賀発東恩納宛書簡に添付された「ベルナルド・エァン・ベッテルハイム(Bernard Jean Bettelheim)畧歴」と思われる。そこには、既に、ベッテルハイムに所縁のあるハンガリー、チェコ・スロヴァキア、オーストリア、イタリア、トルコ、ギリシャ、英国、中国、米国、琉球の石を用いて、彼が滞在していた那覇の波之上に記念碑を建てることが明記されていた。
現在、那覇市波上の護国寺内にある「ベッテルハイム博士居住之趾」の碑は、実は、〝二代目〟である（詳細は後述）。一九八三年六月二三日付の『琉球新報』には、〝初代〟の記念碑の拓本発見の記事がある。それによると、この拓本は経済学者の高谷道男（内村鑑三の弟子で、ヘボンの研究家）の所蔵で、彼が、一九四〇年一二月、台北大学での学会の帰りに沖縄に立ち寄った際、バプテスト教会の信徒（医師）から記念に送られたものだという。この〝初代〟の碑の上部には「伯徳令譯琉球語之聖書[8]　約翰《ヨハネ》傳四章第十四節」の聖句がカタカナで刻まれている。そして、その下には、彼に関わりある地名が、現地から取り寄せた石に、原語で刻まれた銘板が配置されている。[9]
この碑の除幕式はキリスト教式で行われたが、序幕の役を担ったのは知花朝 章《ちばなちょうしょう》首里区長[10]であった。そして、除幕式に参加した教会関係者は、知花を初め、伊東平治（那覇メソヂスト教会牧師＝除幕式の司式）、島袋《しまぶくろ》源一郎、中田重治（東洋ホーリネス教会監督）、ブール宣教師、神山本淳《ほんじゅん》（那覇バプテスト教会牧師）、志喜屋孝信《しきやこうしん》、城間理王《しろまりおう》（首里バプテスト教会信徒、戦後、首里市議会議長を務める）、佐久原好伝《さくはらこうでん》牧師（首里メソヂスト教会）などであった。また、滞琉中のベッテルハイムに直接会ったことがある人びとのほか、沖縄県知事、那覇市長、那覇市議会議員・議長、裁判所長、県庁幹部と職員、各中等学校教職員なども参列していた。これらの顔ぶれの中には日本出身者（知事など）も含まれているが、大半は沖縄県の近代化や文明化を担ってきた地域のエリートたちであった。

そして、除幕式の後、真境名安興《まじきなあんこう》（当時県立図書館長、『沖縄一千年史』を著した沖縄学者）、ブール宣教師、志賀重昂、西條寛雄（日本メソヂスト教会九州北部部長、後の鎮西学院院長）、ジョン・ターボルグ（オランダ改革派教会）による連続講演が、那覇市公会堂や当時のエリート学校であった男子師範、県立一中（現県立首里高）、同二中（現県立那覇高）、嘉手納《かでな》の農林学校で開催された。まさに、沖縄内外の識者が、次代を担う学生たちを啓蒙するために文明論を説いたのであった。

ここで注意しなければならないのは、これらの沖縄のエリートたちは、おしなべて日本との同化を推進することで沖縄の近代化を一日も早く達成しようとする立場をとっていたことである。そのため、日本の有力者の支援や皇族からのベッテルハイムの事蹟に対する高い評価は、同化を目指す沖縄のエリートたちを後押しすることになったといえる。

ところで、この八〇周年が祝われた一九二〇年代中盤、沖縄は「ソテツ地獄」といわれる深刻な経済危機に瀕していた。人びとはその窮状から抜け出すため、日本や海外に出稼ぎのために出郷し、移民となっていく。しかし、その先でも沖縄人に対する厳しい差別が待っていた。阪神地区では、工場の壁に「職工募集、但し、朝鮮人・琉球人お断り」という内容の張り紙がされていたという。また、一九二六年には、広津和郎の「さまよへる琉球人」(『中央公論』掲載)に対し、沖縄から激しい抗議の声が上がった。

このような経済的な苦境と差別を乗り切るために、沖縄のエリートたちは日本への同化の傾向を強め、より一層の努力で「一人前の日本人」となることで、困難を克服しようとした。上記の官民挙げての八〇周年顕彰行事の有り様は、このような歴史的文脈で理解する必要がある。

ところで、顕彰行事の期間中、当時、沖縄で教会を形成したメソヂスト、旧日基、バプテスト、ホーリネスなどが合同で伝道集会を開いている。また、一八日から数日間、中田重治らによる天幕伝道も開催され、本土からもホーリネス教会九州南部部長や鉄道ミッション講師、名瀬ホーリネス教会福音使・小倉平一などによる説教会も行われた。

当時、どのような人びとが聴衆として集ったのか、新聞などでは詳細は述べられていない。それでも、報道された参加者数だけを見ると、この顕彰行事と伝道集会によって沖縄のキリスト教界は活性化したようにも見える。それでは、恐慌下にある沖縄の民衆に、福音は充分届いたのであろうか。

沖縄の中で文明化を志向するキリスト教は、日本の名士に評価され、顕彰行事で重要な役割を担った。しかし、一方で、経済的苦境から旧植民地やハワイ、南洋群島、米国本土などへの出稼ぎ・移民として出郷し、そこでの差別や貧困に呻吟する中で魂と身体の救いを切実に求めた人びとがいた。それらの人びとが手にした信仰は、文明化や近代化のためとは違った、人びとの心に深く染みわたり、やがて澎湃として広がりゆくものではなかったかと思う。

ベッテルハイム来琉八〇周年記念行事で主体となったのは、沖縄の知識人たちであった。彼らは官吏や教員、医師などで、キリスト者ではない者も多くいた。つまり、沖縄のキリスト教は、ベッテルハイムを媒介として内外各層の人脈を結びつけていく紐帯となっていたといえる。一方で、沖縄側の主催者の多くが持っていた文明化の論理は、地域社会を文明と非文明に《分断》していくものでもあった。そして、その《分断》は、彼らが「同化」を通じて日本へ《統合》されようとする過程で行われたのだ。[11]

そして、その一一年後の一九三七年、九〇周年記念式典が開催される。世紀転換期に南島伝道が始まり約四〇年。この頃になると、キリスト教は南島の知識人以外の階層にも次第に浸透していたと推定される。その間の変化を、これから概観したい。

一九三七年、ベッテルハイムの孫のベス・プラット夫人の来沖をきっかけに、九〇周年の式典が開催される。彼女を沖縄に招いたのは、キリスト教会と医師会だった。

その中心人物のひとり、仲地紀晃《きこう》は医師で、仲地紀仁の玄孫に当たる。そのような関係で、沖縄の医師会は九〇周年以降も記念式典に関与している。

プラット夫人は、四月、横浜に到着し、沖縄県教育主事の島袋源一郎（那覇メソヂスト教会信徒）が出迎えた。そして、夫人は四月三〇日に那覇に到着し、五月一〇日までの一一日間滞在した。仲地の「プラット夫人の思い出」(12)によると、彼女は、那覇上陸後の最初の挨拶で、幼いときからベッテルハイムが滞琉中に書いた日記を読んでいて、いつか必ず沖縄に行って祖父の足跡を訪ねたかったという動機を語っている。こうして、ベッテルハイムの記憶は孫に継承され、彼とは直接接触体験のない世代との邂逅を果たすことになる。

さて、山口栄鉄によると、夫人の招聘を進めたのは、仲地と金城《かなぐすく》紀光《きこう》（医師、那覇市長）、当間重剛《とうまじゅうごう》（同助役）、志喜屋孝信、太田朝敷《ちょうふ》（元首里市長、琉球新報社長）、又吉《またよし》康和《こうわ》（同主筆）、胡屋《ごや》朝賞《ちょうしょう》（一中英語教師）と島袋であった。このうち志喜屋、又吉、胡屋の三名は、戦後、沖縄諮詢会・民政府の一員として、キリスト教会と関わることになる。また、一行の通訳を務めたのは米国滞在経験のある阿嘉《あか》良薫《りょうくん》牧師（首里バプテスト教会、後に高里に改姓）と北村健司牧師（那覇メソヂスト教会）であった。北村の息子のサムエル北村は、戦後、米国民政府の一員として来島している。この他、一中の英語教師で通訳として参加した外間《ほかま》政章《せいしょう》は、戦後、高原《たかはら》教会の再建に関わる。こうして見ると、「九〇周年」の体験は、沖縄戦という破滅的なできごとを経て、キリスト教信仰が戦後の伝道へとつながっているといえる。

さて、一九三七年といえば日中戦争が勃発した年である。九〇周年の参加者でもある真栄平房敬は以下のように証言している。それによると、三六年頃には外国人宣教師の来島が禁止され、学校でも教員や父兄によるキリスト者に対する迫害が始まっていた。また、奄美大島や喜界島では、この時期、沖縄と同様に要塞化・軍事基地化が進んでいた。奄美大島のカトリック迫害は三三年頃から激しくなり、喜界島で警察の介入により教会の礼拝が禁止され、閉鎖されたのも、三七年であった。

このように、南島では国際情勢の緊迫にともない狭隘な排外主義が幅をきかしていた。それゆえに、教会が「友好」や「和解」を容易に語れる状況にはなかったはずだ。しかし、プラット夫人の来島は住民に鮮烈な印象を与え、ファッショ化が進む中、住民が人種の偏見を越えてこころの交わりを持ち得たと北村は追想している。では、そこに何があったのだろうか。

二〇一〇年三月、筆者は真栄平にインタビューをした際、式典から七〇余年を経てなお、真栄平が鮮明に当時のことを記憶していたことに感銘を受けた。その証言によると、式典前日の県立一中での講演会の際に、フランクリン・ルーズベルト米国大統領がプラット夫人に送った私信が紹介された。その書簡で、大統領は、ベッテルハイムの功績について言及し、夫人がベッテルハイムを記念する式典に参加し、沖縄の人びととの友好に尽くすことを大統領として希望すると述べていた。日米が開戦するのは、この後わずか四年後のことである。そのことを思うと、夫人の沖縄訪問は一般住民の平和や友好への期待に明らかな形を与えていったといえる。

沖縄では、沖縄戦で一九一八年から四五年まで新聞の多くが焼失し、新聞記事から九〇周年の概要を把握することはできない。しかし、沖縄県立図書館所蔵の神田精輝（県立三中（現県立名護高校）校長）「苦闘の宣教師ベッテルハイム」（『琉球学集説　六・七』所収。県立図書館所蔵）と、真栄平による『琉球新報』（一九八三年七月一九日・二〇日付）の記事から分かることもある。

それによると、式典は護国寺で行われ、門には日米両国の国旗が掲揚されていた。野町良夫（旧日基那覇教会牧師）の司会で始まった式典は、最初に、日英両語による讃美歌と祈祷が行われた。その後、花城武男（救世軍小隊長）による「琉球語訳聖書」の朗読、金城、太田の祝辞、北村の式辞（英語）、プラット夫人の謝辞と続き、初代の記念碑の左右に夫人が「黒木《くるち》（琉球黒檀）」を記念植樹した。そして、参加者全員でアメリカ国歌を斉唱し、頌栄の後佐久原好伝（首里メソジスト教会牧師）の祝祷をもって閉会した。

時局が緊迫の度を深める中で、寺の門前にひるがえる星条旗に、英語での讃美歌や祈祷、米国国歌の斉唱。それらのどれにも、プラット夫人と式典の企画者の日米「和解」に向けての、並々ならぬ決意と意思がにじんでいる。また、この式典には護国寺や安国寺（首里）などの僧侶たちも参列していた。この頃、時節柄、仏教関係者の一部は、キリスト教会への抗議や圧力を強めつつあったといわれる。しかし、式典の空間では、ベッテルハイムを紐帯として地域の対立を乗り越えた「和解」が実現していた。

式典の後日、超満員の昭和会館で開催された記念講演会のあいまに、教会青年会によりベッテルハイムの方言劇も披露された。この方言劇は島袋哲夫（源一郎の息子、那覇メソジスト教会）と伊波盛次郎《せいじろう》（那覇バプテスト教会）の合作で、百名朝保《ひゃくなちょうほ》（同教会）がベッテルハイムを演じた。その方言劇は、ペリー艦隊とともに離琉するベッテルハイムとの別れに住民たちが涙するシーンで終幕となる。そして、プラット夫人は百名や伊波と固い握手を交わす。ここでも、ベッテルハイムと住民の「和解」が確認されている。

ところで、沖縄における方言の統制は一九四〇年代に本格化するが、既に学校では「方言札」が使用されており、三七年の時点で沖縄は「標準語励行期」にはいっていた。したがって、この時期に、公共の場で方言劇を演じるということは、歴史的な意味があったといえる。この方言劇は、自らのことばや文化に対する誇りとベッテルハイムへの感謝の自然な発露であり、それをキリスト者ではないものも含めた満員の観客は受けとめた。また、ここで、キリスト教会の青年たちは自らの立ち位置を鮮明にした。それは、キリスト教が住民のより幅広い層に認知されたからこそなし得たことであり、それゆえに、キリスト教（信徒と教会）は、国家間や社会内での対立の「和解」を取り結ぶ紐帯となり得たのだ。

しかし、九〇周年から五年後の一九四二年、波之上のベッテルハイムの記念碑は、地元の大日本翼賛壮年団（翼壮）によってたたき壊されてしまう。翼壮は、奄美大島や喜界島でも、官憲とともにキリスト教会を攻撃し、教会を閉鎖に追いこみ、牧師や信徒に対して制裁を加えていた。

このように戦時中、ベッテルハイムは、極右団体による排外主義の的になっていたわけだが、後述の通り、プラット夫人によって結び直された沖縄とベッテルハイムの「絆」は、戦後へと続いている。

九〇周年の際、夫人の申し出で、「ベッテルハイムクラブ」が結成された。このクラブは、ベッテルハイムの業績の調査・研究と記録を目的とし、年に二回総会を開催していた。そして、総会ごとに夫人から祝電が届けられていた。クラブの顧問には、志喜屋と太田、胡屋が就任し、プラット夫人来沖の記録やベッテルハイムに関する史料収集は進み、出版の準備も整っていた。しかし、それらの交流は四一年の日米開戦で途絶えてしまい、集められた記録も沖縄戦で焼失してしまった。

その後、ベッテルハイムの顕彰は米軍占領下でも続けられ、一九五四年には「百年祭」が実施された。そして、ベッテルハイムクラブの活動もこれを機会に復活する。プラット夫人は、戦後も、高齢をおして沖縄再訪を熱望していたが、家庭の事情で果たせなかった。そして、百年祭式典の前日、プラット夫人から仲地宛に九〇周年の際に贈られた物や祝辞などの史料が送られてきた。また、ベッテルハイムが滞琉中に使用した聖書や日記の一部も送られてきた。それらは、ベッテルハイム関連の史料として「首里博物館（後の琉球政府立・沖縄県立博物館）」に寄贈された。

戦後も何度かベッテルハイムの顕彰行事は行われている。占領下では、「米国人・ベッテルハイム」という表象が盛んに行われた（ベッテルハイムはハンガリー王国生まれである）。また、顕彰行事に関しても占領軍が多額の経済的支援をし、記念碑や大量のパンフレットが作成されたことが推定される。これらは占領軍が宣撫工作の一環としてキリスト教を利用したことの結果である。

また、復帰後の顕彰行事では、回を重ねるごとに沖縄のキリスト教のアイデンティティについての議論が深まり、自律的な伝道を模索する傾向が強まっているようだ。つまり、沖縄のキリスト教をベッテルハイムの伝道に求め、一八五九年の横浜・長崎への米国人宣教師の到達には求めないとする議論がある。

さて、ここまで、キリスト教が「和解」のための紐帯となるあり方を論じてきた。沖縄にも、奄美にも、「和解」を必要とすることがらは多くある。その点で、二〇一四年一二月に行われた総選挙ではことさらに対立が強調されていたように思う。しかし、沖縄人どうしを闘わせておいて、日本人として安易に勝ち負けを口にすることに、筆者は相当抵抗を感じている。また、果して日本のキリスト教はそのような「和解」の紐帯となっているのだろうか。

南島のキリスト教史を研究していて、いつも思うことがある。それは、神を信じるのは、信じる者と信じない者とをわけ隔てるためではない、信じない者と信じる者、信じない者と神を結びつけるためである、ということだ。

出会いと交流は豊かさを生む。そのことを、これ以降も明らかにしていきたい。まずは、奄美群島のキリスト教史から始める。

第1章　南島へのキリスト教〝再〟伝道と地域社会

第1節　南島における近代の始まりと奄美におけるカトリック宣教の開始

琉球と薩摩とのはざまにある奄美群島（以下、奄美）に住む島々の人びとの心性を、与論島出身の喜山《きやま》荘一は「四百年の失語」と表現した。[13]「四百年」というのは、いうまでもなく一六〇九年の薩摩藩による琉球侵攻以降、今日に至るまでの四〇〇年である。薩摩侵攻以降、奄美は薩摩藩領となり、「琉球ではない、大和でもない」という「二重の疎外」を受けてきた。にも関わらず、「外交」的には、「琉球にもなれ、大和にもなれ」と強制された。こうして、奄美の人びとは、「自分は何者か」、あるいは、「ここは、どこか」という自らを語ることば（アイデンティティ）を奪われてきた。喜山は、これを「コトの収奪」と呼んだ。

また、一八世紀以降、薩摩は奄美からの黒糖の収奪を段階的に強めていく。「黒糖地獄」と呼ばれたこの収奪に対して、幾度か住民の抵抗が試みられたが（徳之島の騒動や犬田布《いんたぶ》騒動など）、奄美の島々の食糧自給力は奪われていった。(14) そして、貢納が滞り、借金を背負った者は家人《やんちゅ》として債務奴隷化し、地主である衆達《しゅうた》は家人を労働力として包摂したことで、奄美の農民層は二分化された。そして、この「モノの収奪」や家人の制度は明治以降も続いていた。

結局、「モノの収奪」と、それに先立つ「コトの収奪」により、奄美の人びとは長い「失語」状態に陥る。カトリックは、近代になっても「収奪」と「失語」に呻吟する奄美に伝えられ、受容されていく。その成果が、大島地区にある三二のカトリック教会であり、約三、七〇〇名（総人口の約五・八四％）の信徒である。ところで、大島におけるカトリックの隆盛と「四百年の失語」とを重ねあわせることは、やや唐突に思われるかも知れない。しかし「収奪」からの解放と「失語」の回復が試みられることと、カトリックの宣教開始との間には、密接な関連がある。

近代以降、南島でのキリスト教伝道は、奄美・沖縄とも一九世紀末に再開される。この時期、沖縄は、「琉球処分」以後の「旧慣温存」政策が終焉を迎えつつあり、帝国日本への包摂過程の最終段階にあった。また、奄美では、明治以降も薩摩藩に替わって鹿児島県による黒糖搾取が続いていた。鹿児島県は、一八七三年の大蔵省による黒糖自由販売の通知を隠蔽し、県が支配する大島商社による専売制を維持し続けた。しかし、奄美の人びとは、丸田南里《まるたなんり》の指導のもと、「勝手（自由）売買」運動（「運動」）を展開し、黒糖売買の独占に抵抗する。丸田は、幕末期、一四歳のときに英国商人グラバーの手引きで渡英し、一〇年間の海外体験があった。そして、この丸田たちによる住民運動により、七八年に大島商社は解体される。

しかし、八七年には、同様の性格を持つ南島興産が設立され、黒糖の独占は続いた。これに対して、大島以外の島々でも抵抗運動が起きるが、いずれも、警察力により鎮圧される。また、八八年には奄美の財政を鹿児島県から切り離し、奄美のみによる税収に基づく予算規模で完結させた「大島経済」の時代が始まる。

このような圧制下にあっても、明治以降の奄美では、自ら声を上げて為政者の非道を糾弾する人びとにより「失語」の回復が試みられていた。そして、封建的な経済支配体制は沖縄県と同様に一九世紀末には解体に向かう。しかし、こうして迎えた〝南島の近代〟は、「内国植民地」としての近代であり、日本による経済的収奪と政治的抑圧の再編・強化をともなっていた。そんな中、一八九一年一二月三一日、パリ外国宣教会のフェリエ神父が名瀬に上陸し、カトリック宣教が開始された。

このカトリック宣教開始は、以下のように、大島の有力者たちによるキリスト教招請の働きかけに応ずるものであった。このとき、大島にカトリックを招請したのは、龍郷村《たつごう》（現龍郷町）出身の岡程良《おかていりょう》ら大島の指導者たちであった。大島地区裁判所検事であった岡は、名瀬連合村会議員たちと相談の上で、鹿児島県内のキリスト教の全教会へ宣教・伝道依頼の招請状を送った。そして、それにいち早く応えたのが、カトリック教会であった。鹿児島のカトリック教会は、まず、大島の浦上出身の大工で、信徒であった臼井熊八が帰島する機会に、キリスト教の存在を名瀬近辺に喧伝させた。そして、九一年一二月、二度目の招請状を受け取り、フェリエ神父が派遣された。

名瀬に到着したフェリエ神父は、六日間にわたって尋常小学校や宿泊先の議員宅で説教をし、近郊の大熊《だいくま》へも出かけた。(15) こうして、短期間のうちに五〇〇名余りが信徒になるべく名乗り出た。また、『名瀬市誌』によると、フェリエ神父の名瀬上陸の一週間ほど後、詳細は不明であるが、プロテスタントの伝道者(ホーリネス教会の伝道者といわれている)がやってきたが、カトリックの隆盛を目撃して大島伝道を断念し、沖縄に向かったという。

こうして、手応えを感じたフェリエ神父は、一旦長崎に行き、司教と相談の上で大島布教が正式決定した。そして、九二年三月に、日本人伝道師二名とともに再来島し、本格的布教を始める。こうして、大島の信徒は明治末年には約三、〇〇〇名、一九一七年(開教二五周年)には、五、〇〇〇名を越えたという。

ところで、岡たちは、なぜ、キリスト教を招請したのであろうか。岡の実家は琉球王朝とも関係のあった大地主で、薩摩の支配下では大島与人《よびと》(島役人)として多数の家人を抱えていた。岡は、八五年、二七歳で司法試験に合格し、奄美初の司法官となる。その後の経緯は割愛するが、彼は、大島区裁判所在任中、八九年に起きた「喜界島兇徒聚衆事件《きょうとしゅうしゅう》」と関わる。これは、南島興産に対抗する鹿児島県の糖商が喜界島で警察に突如拘束され、それに抗議した数百人の農民たちが派出所に押しかけた事件である。

大島着任後、岡はさっそくこの事件の洗い直しに着手する。そして、南島興産などを偽証容疑で家宅捜索し、多くの証拠を発見する。その中には当時の判事が事件に荷担した証拠も含まれていた。ところが、南島興産に対する予審の途中で、裁判の管轄権が鹿児島地方裁判所に強引に移された。岡は、この法規を無視した措置に抗議して、司法大臣に血涙をもって建白書を提出した。しかし、逆に官吏侮辱罪などに問われ、次第に追いこまれていく。そして九二年、岡は佐賀の検事局に左遷され、そこで神経衰弱に陥り、九四年、四〇歳で死去する。(16)

権力と結託した政商が判事までも懐柔して、黒糖の独占を維持しようとした事件に対して、法理によって理非曲直を正していく岡の試みは、「失語」の克服を意味していた。岡は失意のうちに憤死するが、その志は奄美の中で受け継がれ、これ以降、奄美は多くの学者や弁護士、法曹人など、ことばで生きる人びとを多数輩出している。一九三八年、大審院長となった泉二新熊《もとじしんくま》もそのひとりである。岡を含めてそれらの人びとのすべてがキリスト教徒ではないが、カトリックは収奪に苦しむ人びとに学ぶ機会やことばを与えてきた。

また、奄美のキリスト教の特徴の一つは、出郷者たちが奄美の内外で目覚ましい活躍をしてきたことである。昇曙夢《のぼりしょむ》は、その代表的人物である。昇は、一八七八年、加計呂麻《かけろま》島の芝で生まれた。昇は、鹿児島の師範学校を目指す浪人中に、兄・茂隆の友人で大阪商船の石原重遠《しげとお》を介してキリスト教を知る。そして、昇は、鹿児島伊々斯々《イイスス》正教会（現ハリストス正教会）で高屋仲《たかやちゅう》より洗礼を受ける。一八九五年、昇は、東京・神田の正教神学校に入学し、ロシア語を徹底的に学ぶ。また、日露戦争時に内村鑑三の非戦論の講演会を聞き、内村に私淑するようになった。昇のペンネーム「曙夢」は、内村の訳詩集『愛吟集』の中の「詩は英雄の暁の夢なり」からとったと自ら述べている。

　昇は後にロシア文学者になるが、一方で、奄美群島の民族誌である『大奄美史』をライフワークとしていた。昇は文学を通してロシアに故郷・奄美を重ねあわせていた。つまり、トルストイの実践した農業共同体は昇の少年時代の原郷・加計呂麻島の集落であったし、文学にしばしば登場するロシアの農奴は奄美の家人と重なった(17)。

　昇が『大奄美史』を執筆するきっかけになったのは柳田国男や、沖縄の伊波普猷《ふゆう》、比嘉春潮《しゅんちょう》などとの「南島談話会」での出会いであった。こうして一九四九年に完成した『大奄美史』は、先史時代から昭和初年までの長大な民族誌である。そして、奄美を出て、東京・ロシアに出会い、再び奄美に往還するまでのさまざまな人物、信仰、文学、思想との出会いの結実でもあった。

　奄美を旅していると、それぞれの島で同様の民族誌を目にすることがあり、そのいずれもが地元の人びとによりバイブルのように扱われている。例えば、徳之島出身のカトリック哲学者である吉満義彦《よしみつ》の父・義志信が著した『徳之島事情』（一八九五年）がある。それらを読むと、「コトの収奪」から解放され、自らのアイデンティティを再確認し、自分がだれであるかを知ろうとする思いの復活が強く感じられる。

ところで、これまで、筆者は、主に、宣教師などキリスト教を伝えようとした側から南島キリスト教史を記述してきた。しかし、宣教師たちが伝えようとしたものと、キリスト教を受容した人びとが受け取ったものが、全く同じものであるということはあり得ない。したがって、奄美でカトリックが幅広く受容されている理由は、伝えた側の論理だけでは説明しきれない。また、従来からいわれているような土着宗教の弱さや近代化に対する期待という、受け取った側の事情だけでも説明できないと思う。

筆者は、これまでの考察を通して、大島でカトリックが広く受け入れられた理由として以下の三点を挙げたい。

まず、外来集団としてのカトリックの宣教師や教会は、奄美の歴史上初めて、決して、奄美の人びとから収奪しなかったということである。むしろ、教育の場や社会事業を無償で提供してきた。それは、ローマ教皇庁と直結することで教会が独自の財政基盤を持っているカトリックだからできたことである。

次に、宣教師や伝道者たちは、抑圧されて、剥奪されてきた奄美の人びとをひとりひとりの個として、身分を離れ尊重する信仰を伝えたからであろう。平等と同時に個を尊重する信仰は、それぞれに自信を与え、失われたアイデンティティを回復させ、人びとはことばをとりもどした。最後に、カトリック教会と宣教師たちは、収奪され、剥奪され続けてきた大島の人たちにとって、自分たちを認め、励まし、育んでいく、有史以来、初めての他者（外来者）であった。そして、そのことにより、人びとは奪われたことばを回復し、自らの主張ができるようになったのではないだろうか。

南島では、このような、人の心の奥底まで染み通るような深い信仰が時間をかけて行き渡っているように感じる。

第2節　沖縄における伝道の再開とキリスト教受容者層の広がり

一方、沖縄のキリスト教伝道に眼を転じると、その三度目のキリスト教との接触は、一九世紀末、日本人伝道者によって開始された。このとき、帝国日本の辺境にやってきたその日本人たちは、なにを目指し、なにを近代の黎明期の沖縄に残したのだろうか。しかし、それを知る手がかりは少ない。そこで、彼らの沖縄伝道前後の動向を探り、沖縄やそれぞれの伝道地で果たした役割を知り、その残したものを理解したい。

また、「伝えられた側」、つまり、沖縄のキリスト教受容層についても、「キリスト教交流史」の視点から再考したい。この頃の沖縄人たちは、日本へ、植民地へ、そして、海外へ越境し、そこに自己実現と生活の場を求めた。こうして、沖縄人たちがキリスト教に接触する場は、南島から、東アジア、さらに、環太平洋一円へと拡大していった。

そのような、近代における沖縄人たちの越境経験が、沖縄や南島全体のキリスト教信仰にいかなるダイナミクスと影響を与えたかについて、これから考えていきたい。そのために、近代初頭の「琉球処分」から記述を始める。

「琉球処分」とは、一八七二年の「琉球藩」設置から七九年の「沖縄県」設置に至る一連の政治過程のことを指す。これにより、琉球王国は解体され、日本国家へ強制的に併合された。また、翌八〇年には、清国と日本政府の間に「分島・増約（改約）問題」が起き、新沖縄県の分割・割譲の可能性が日清両国間で秘密協議された。[18] 日本政府が国益のために沖縄を割譲する（切り捨てる）という沖日関係の基本は、この時点から始まったといえる。また、政府は、旧支配層の反発を考慮し、彼らの利権を維持させるために琉球王国時代の土地や租税、地方の制度を残存させた（「旧慣温存」政策）。そんな中、置県後の沖縄では、琉球王国復活への支援を求めるため清国に亡命する者（「脱清人」）もいた。また、旧士族層の親清派の「頑固党」と親日派の「開化党」

との間に激しい闘争があるなど、政情は安定していなかった。

そのような混乱期にあって、一八九四年に勃発した日清戦争では、頑固党と開化党の抗争が再燃し、巷には清国の南洋艦隊（「黄色《ちいる》軍艦」）が琉球解放のために来襲するという流言が飛び交った。そのため、中学校や師範学校では熊本鎮台沖縄分遣隊（沖縄駐留日本軍）支援のための義勇団が組織され、寄留日本人の商人や官吏たちによる同盟義会は武装して、それに備えた。しかし、結局、「黄色軍艦」は来襲せず、清国が日本に屈することで、最終的に清国には琉球を解放する意思も能力もなかったことを、沖縄の人びとは改めて知ることになった。このような沖縄の帰属を巡る動きは、一八九六年、「公同会運動」の結成と挫折により終結する。

代わって、県費制度[19]などにより日本遊学を経験した若者たちが帰沖し、政官界や教育・言論界で活躍し始めた。彼らの多くは、日本との「同化」を主張した。このような沖縄にとっての仄暗い近代の夜明けの時期に、沖縄のプロテスタント伝道が再開されたのである。

原三千之助

近代以降初の伝道者は、一八九一年に来沖したバプテスト[20]の原三千之助であった。次いで、九二年にはメソジストの長野忠恕、九三年には聖公会の牛島惣太郎らが来沖する。また、一九一二年には旧日基の伊江《いえ》

長野忠恕

朝貞《ちょうてい》牧師が台湾から帰沖して首里で伝道を開始し、一四年には沖縄出身の比嘉賀秀《がしゅう》（「静観《じょうかん》」）牧師と伊波普猷《いはふゆう》が組合教会を設立する。一八年になると、ホーリネス系神学校出身の神山本淳がバプテスト教会の牧師となり、三〇年頃にはホーリネス単独での伝道が始まった。そして、救世軍も沖縄出身の士官が伝道をしていた。

　このうち、戦前期に継続的に伝道活動を行ったのは、メソジストと旧日基、バプテストの三教派であった。この三教派は、当初、日本からの寄留者である商人や官吏、医師や教師などに伝道していたが、早い段階で沖縄人の信徒も増加し、沖縄人伝道者もその働きに加わっていく。一方、聖公会は活動の重心を、教会形成から沖縄島の愛楽園と宮古島の南静園のハンセン病療養施設での伝道に移行していく。また、組合教会は、南島伝道に関しては、教会を形成することなく撤退するが、ハワイ伝道や南洋伝道との関わりで注目される。

　さて、以下では、戦前期の沖縄で継続的で組織的な伝道を行った三教派の伝道を概観し、以下に類型化を行う。

　まず、バプテストでは、一八九一年、アメリカン・バプテスト教会より原三千之助が沖縄に派遣された。(21) そして、第三代目牧師・原口精一の時代に急成長し、一一年には二二五名の受浸者があったという。これは、同時期の日本の他のバプテスト教会全体の受浸者に匹敵するという。また、原口牧師は「熱心なファンダメンタリスト」で、那覇近郊や豊見城《とみぐすく》で家畜疫の祈祷を行った際、豚小屋に「悪魔よここより去れ」という守り札を張らせたという。こうしたバプテストの「土着型」の伝道は、農村部でも多くの信徒を獲得した。その反面、沖縄出身で新進の伝道者であった比嘉賀秀や照屋寛範《てるやかんぱん》は原口の信仰に反発し、バプテストを去り、組合教会に移った。

　また、メソジストの沖縄の教会は、当初、「九州南部」の管轄下にあったが、一九一〇年には「沖縄部」、一三年には奄美群島の徳之島・亀津《かめつ》教会も含めて「南島宣教部」として独立した。そして、シュワルツやブール、スペンサーなどの宣教師が沖縄に派遣され、南島「完結型」の伝道が展開された。その結果、村井競《きそう》の牧会した那覇教会では、徳之島出身の大保富哉《おおぼとみや》や紀秀照《きひでてる》、徳《とく》憲義《のりよし》、沖縄出身の村山盛春や比嘉保彦、佐久原好伝など南島出身の若い伝道者が育った。また、大保が初代牧師を務めた首里教会には、いずれも後に宗教学者になる比屋根安定や歴史家になる比嘉春潮、首里市長になる仲吉良光《なかよしよしみつ》、徴兵を忌避して渡米する屋部憲伝《やぶけんでん》などが集っていた。

村井競

　最後に、旧日基であるが、同教派の最初の伝道者であった伊江朝貞牧師は、もともと首里出身の医師で、一九〇一年に一番町教会（後、富士見町教会）で植村正久から洗礼を受けた。そして、〇七年から一〇年まで東京神学社に学んで伝道者として献身する。彼は、沖縄伝道の前後に三〇年近く台湾で定着伝道をしていたが、沖縄伝道のためしばしば来島した。この旧日基の教会は、当初、大会直轄であったが、一九二四年から鎮西中会の管轄下にはいる。その関係で、九州を中心に植村正久の直弟子たちによる伝道集会が沖縄島や石垣島で頻繁に開催されている。また、台湾の旧日基教会の信徒や伝道者との交流も盛んで、本土から南西諸島を経て、台湾に至る「貫流型」の伝道が旧日基の特徴であった。

ところで、伝道再開から一九二〇年までに沖縄で定住伝道した伝道者は、管見の限りでは、三二名いる。その内訳は、旧日基六名、聖公会七名、バプテスト五名、メソジスト一二名、ホーリネス一名、組合教会一名である。このうち、二〇名が日本人で、残りの一〇名は沖縄人、二名は奄美の徳之島出身であった。また、聖公会の伝道者は全員日本出身者だったが、それ以外の教派には、いずれも南島出身の伝道者がいた。

当時、日本人伝道者の中には説教の際に沖縄人の通訳を介した者もいた。しかし、伝道再開後まもなく、沖縄出身の伝道者が現れたことが、沖縄人たちに広く福音が届いた要因の一つになった。また、沖縄人伝道者の中には、津覇《つは》（中城村《なかぐすくそん》）や内間《うちま》（西原村）で伝道し、「琉球讃美歌」の作者として知られている新垣《あらがき》信一もいる。この新垣は、当初、信徒伝道者のような立場（「中会未加入主任者」）で、一九二四年に教師試補に准允された。

それから、この時期の伝道者のもう一つの特徴は、沖縄伝道の前後に帝国日本の植民地や南洋、ハワイ、米国本土での留学・伝道体験がある者がいたことである。このうち、メソジストの木原外七《ほかしち》は一八八七年に移民として渡米し、九〇年にサンフランシスコ日本人教会で受洗し、カリフォルニアやハワイで伝道した。そして、一九〇二年に帰国し、京城などで伝道した後、一四年に、女性伝道者・北島ツヤ子とともに那覇の教会に赴任した。彼の教会担任は一六年までであったが、一五年から一九年まで南島部長の任を負った。その後、大連で伝道し、朝鮮部長も歴任している。以前にも述べた通り、近代以降の沖縄でも、キリスト教は近代文明を象徴するものであった。そのため、この時期の沖縄人伝道は、先述の開化党や日本で教育を受けた新しい指導者に受け入れられた。しかし、木原や伊江のように、帝国日本の辺境を巡り外地での伝道体験を持つ伝道者の存在は、南島でより幅広い層に信仰が受け入れられる素地をつくったといえる。

また、信徒数の統計で、どの教派でも女性信徒の数が男性のそれを遥かに上回っている。このこと一つとっても、沖縄では（あるいは日本本土でも）、キリスト教が知識人層（男性）のみに受け入れられたわけではないことが分かる。また、女性の伝道者が早くから活躍しているのも、この時期の特徴である。詳しくはおいおい述べていくが、例えば、バプテストの上原カメは沖縄における初めての女性伝道者である。上原は信徒であった頃から、出身の小禄《おろく》村近隣で熱心に伝道を行っていた。一九一〇年には、彼女の導きにより糸満《いとまん》講義所で二〇名が受浸したが、住民の嫌がらせに遭い、所有していたサトウキビ畑に放火されたという。(22) その後、上原は大阪女子神学校に学び、一八年の卒業後、帰沖し伝道活動に献身した。

そして、上原の後も、ノロ（琉球の信仰における女性司祭）からキリスト教の伝道者に転身した大城カメや、「ハジチ（刺青）の伝道者」と言われた上原愛子など、特色ある女性伝道者と女性信者の活躍が、沖縄人たちの記録や記憶に残っている。

それらに加えて、近代以降の南島は日本と東アジア、環太平洋地域の人的交流とネットワークの「中継点」であり、ひとや文化が流れこむ「合流点」でもあり、それらが溢れ出す「越流の出発点」でもあった。そして、その南島でのキリスト教伝道は、千数百キロに点在する島伝いの伝道である。そこでは、沖縄島などに伝道のセンター（拠点）がおかれるが、それぞれの島（群島）で「自律」的な伝道が行われていた。しかも、その伝道は閉鎖的ではなく、さまざまな方向に開かれた伝道であった。

筆者は、ここで南島伝道の特徴を「土着型」と「完結型」、「貫流型」の三つに整理した。そして、それらが南島で同時期に共存したことが、沖縄島や南島全体に新しい信仰をその都度持ちこみ、定着し、醸成しながら、その受容層を広げていった決定的要因となったと考えている。

第3節　再伝道初期における社会構造の変遷と沖縄のキリスト教の協働

戦前の沖縄の新聞には、キリスト教の集会広告やクリスマスなどの教会行事、伝道者の来島などの記事がよく見られる。それほど、当時の沖縄の人びとのキリスト教に対する関心は高かった。以下の記事もその一つである。

十二月十四五六日午後七時開会
基督教演説会　出席者　内田尚長君
牛島惣太郎君
長野忠恕君
当区〔那覇区（現那覇市）＝引用者〕字久米八拾七番地
沖縄美以教会

ここで注目されるのは、三人の弁士の所属教派である。内田はバプテストの牧師、牛島は聖公会の執事、長野はメソジストの牧師であった。つまり、この頃の在沖各教派は、各教会堂が持ち回りで、一致して沖縄人を対象とした伝道集会を共同で行っていたのだ。このように、伝道再開後の沖縄では、各教派は競合するのではなく、伝道者や教会の協働が見られ、それはこれ以降も続いていく。

また、下記のような記事もある。

基督教信徒の懇親会　沖縄基督□（三教会一致）信徒諸氏には美以教会信者大保氏〔大保富哉＝引用者〕会主となり一昨三日午后八時より久米なる大日本聖公会々堂に於て懇親会を開きしか会するもの四十七名余…（中略）…今後は毎月一回第二金曜日を以て三教会一致祈祷会を開くことに協議一決し解散…（中略）…当日委員万事尽力せしは樋口（聖公会）大保（美以〔メソジスト＝引用者〕教会）運天（浸礼〔バプテスト＝引用者〕教会）の三氏なりと云ふ[23]

このように、信徒も共同で教派横断的な懇親会や祈祷会を定期的に開催していたのである。

また、当時は、伝道者の教派間の移動が珍しくなかった。前節で述べたように、比嘉賀秀や照屋寛範は、バプテストから組合教会に移った。その後、比嘉はメソジストの宣教師の紹介でハワイに渡り、独立伝道を始めた。照屋は組合教会の南洋伝道後、バプテストに復帰し、戦後は同教派の指導者になった。また、信徒にも教派間の移動が見られた。この現象が当時の信徒・伝道者の教派意識の希薄さに起因するものであると結論づけるのは、あまり生産的ではない。むしろ、そこから沖縄・南島伝道の特徴を導き出すことが必要ではないだろうか。筆者はその一因を当時の沖縄社会の変化に求めたい。

キリスト教の集会に人びとが集まり、そこで新しい信仰に触れ、一部が教会に連なったのは、この時期の沖縄社会が、以下の述べる社会構造の変遷の結果、集会や結社の時代を迎えていたこととと無関係ではない。「琉球処分」は琉球の日本国家への強制的な併合であったが、同時に、これまで農民などを抑圧してきた封建国家の解体も意味した。それゆえに、下級士族や農民などは、琉球王国解体による旧体制からの解放を期待した。伊波普猷も、それを「一種の奴隷解放なり」と述べている。[24]

しかし、「旧慣温存」政策により、旧士族特権階級の利権と搾取の構造は温存されることになった。これに対して、王国解体を経験した農民たちは抵抗運動を通して、旧支配層の不正を告発し、自らの要求を為政者に突きつけたのである。

その一例として、一八九三年頃から、宮古島では「人頭税廃止運動」[25]が始まる。人頭税とは、もともと薩摩藩への貢納のために先島にのみ課された重税で、王府から派遣された役人への賄賂や搾取の温床になっていたが、それが置県以後も温存されていた。このような不正を目の当たりにしたのが、沖縄島から農業技術者として来島した城間《ぐすくま》正安《せいあん》と、新潟県出身で真珠養殖のため来島していた中村十作《じゅうさく》であった。城間と中村は、宮古の住民の解放のために奔走する。そして、二人の助力により、住民代表の平良《たいら》真牛《もうし》と西里蒲《にしざとかま》による東京の政府への人頭税廃止の請願（直訴）が実現した。(26)

また、同時期、鹿児島出身の奈良原繁県令による杣山の払い下げと開墾政策に反発が起きる。(27)この政策は貧窮士族救済対策の名目で行われたが、結果的に有力士族や寄留商人、そして、鹿児島出身の県の上級役人にのみ利益をもたらした。これに対して、謝花昇《じゃはなのぼる》(28)が反対運動に立ち上がった。謝花たちの運動は、その後、土地の旧慣廃止と連動し、参政権獲得運動へと発展する。このような一連の運動は、沖縄における「自由民権運動」ともいえる。

このことと、奄美における丸田南里や岡程良などの運動とを合わせて考えると、南島全域で市民としての自覚が育ち、権利意識や政治への参加への意欲が高まっていったことが分かる。沖縄におけるプロテスタントによる伝道が再開されるのは、まさに、この時期であった。(29)

また、前節では「開化党」や「頑固党」の例を引きながら、近代沖縄では日本への「同化」の傾向が強まりつつあったと述べた。しかし、「同化」に対する県民の意識は、「賛成か、反対か」というような単純な図式で語ることはできない。

日清戦争直後の一八九五年、沖縄尋常中学校（現県立首里高校）の児玉喜八校長（鹿児島出身）による英語科廃止の方針を巡って学生と紛争が起こる。この件は、生徒たちの信頼する下国良之助教頭（秋田出身）の執り成しで、一旦収拾された。しかし翌年、児玉校長が学生たちの信望を集めていた下国教頭と田島利三郎教諭（新潟出身）を解雇したことにより、学生側は六か月におよぶストライキと同盟退学で対抗した。学生側の指導者五人の中に伊波普猷がいたが、彼らの中には児玉校長の差別的な言動に対する激しい怒りや反発があった。しかし、このストライキは、英語を学び、当時の沖縄にはなかった上級学校に進学し、差別を克服することで、「一人前の日本国民」になろうとした意識の表れであり、「同化」そのものを否定するものではなかった。このように、日本社会の先進性に対するあこがれから「同化」に向かう一方で、「民族」としての自覚や自尊心を高めていこうとする輻輳した心性を当時の知識人たちは持っていた。

ところで、先述の田島は、国語教師として赴任以来、『おもろさうし』の研究に没頭する。田島の研究は、学生たちの自尊心を育て、支えた。そして、教え子であった伊波普猷の「沖縄学」に決定的な影響を与え、沖縄人たちが自らのアイデンティティについて思考を深めるきっかけを与えた。このように近代初期の沖縄に強い影響を与えた人びとのことを、谷川健一は「北国からの旅人」と呼んだ。その中には、中村や田島のほか、宮城出身で、石垣島での台風観測に一生を捧げ、人びとから「天文屋《てんぶんや》の《ぬ》御主前《うしゅまい》」と慕われた岩崎卓爾がいる。博物学に通じた岩崎は、測候所長のかたわらで、他の所員とともに旧日基の八重山伝道所の諸活動を支援した。

ところで、南島に長期滞在をした日本出身者のことを、一般的に「寄留者」と呼ぶ。その寄留者たちの多くは商人だが、官吏や教師、医師などもいた。また、これら寄留者のうち、鹿児島出身の寄留商人たちは、奄美と同様、知事の保護を受けて、米や砂糖の取引をほぼ独占していた。そして、彼らは政界にも進出し、沖縄の経済・政治に大きな影響力を持った。しかし、彼らの専横に対する人びとの批判も激しかった。

一方で、寄留者の中には、先述の通り、沖縄の文化に深い関心をも持ち、沖縄の人びとに寄り添う人びともいた。その多くはかつて佐幕藩であった東北地方出身者で、抑圧者であった旧討幕派の鹿児島出身者と好対照をなしている。

ところで、前節では、この時期のキリスト教伝道の目的は、当初、寄留者の信仰維持と宣教であったと述べた。しかし、寄留社会の主たる宗教は仏教であり、当然、沖縄でのキリスト教伝道再開時には、仏教がかなり広まっていたと思われる。沖縄仏教の研究は充分ではないが、当時の新聞を見ると、仏教婦人会や青年会が那覇やその近郊で活発に活動していたことが分かる。また、那覇市街地の寺院では「沖縄各宗協会演説会」や「通俗学術講演会」が定期的に開かれていた。そして、それらの主催者のほとんどは、寄留者だと思われる。また、講演会の内容は、仏教の講話だけではなく、近代医学や科学技術など学術的・啓蒙的なものも含まれていた。

このような啓蒙的な「学術講演会」は、日本では、主としてプロテスタントによって盛んに行われてきた。プロテスタント・キリスト教がこのような講演会を各地で頻繁に開催することで、

「文明の宗教」として日本社会に定着していったことはよく知られている。ところが、沖縄では、その「文明の宗教」の役割を寄留社会の仏教が担っていたのである。

したがって、仏教に対抗して、キリスト教が沖縄社会に浸透するためには、後発・マイノリティ（少数派）の宗教として、仏教とは違った特徴を打ち出す必要があった。冒頭の沖縄人を対象とする各教派共同・一致の伝道と、信徒による教派を越えた交流は、その戦略の一つではなかったか。筆者は前節で、各教派の伝道上の特徴を、バプテストの「土着型」、メソジストの「完結型」、旧日基の「貫流型」に類型化した。しかし、これらは同時期・同地域でまったく無関係に行われていたのではない。むしろ、それぞれの教派は自派の特徴を堅持しつつ、共同・一致の活動をすることで、信徒も伝道者も他教派と活発に交流してきた。

そのような開かれた交流は、日本より来島した各教派の有名伝道者による伝道集会の機会のシェアを可能にした。また、信徒を共同・一致して動員し、その存在感を沖縄社会に示すことが可能になったのではないか（「人的資源」の共有）。こうした交流は、これ以降、南島全体に広がりながら引き継がれて来たと考えられる。そして、なにより重要なのは、仏教が主導する「文明の宗教」とは違ったコンセプトの伝道がいかに行われていたかである。それは、信仰的交流による歴史意識や生存のための思想の共有ではなかったかと考えている。

第4節　欧米人宣教師の働きと信徒の教会の形成

南島における信仰的交流として、次に考えられるのは、欧米人宣教師との交流である。メソジストの宣教師であるシュワルツは、沖縄伝道再開以降における初の定住宣教師として、一九〇六年から一一年まで在任し、特に青年たちに多大な影響を与えた。シュワルツは、一八八三年に来日し、沖縄赴任前には、銀座教会や弘前・東奥義塾、長崎・鎮西学院[30]（第八代院長）で伝道や教育の任に当たっていた。東北、九州（長崎・鹿児島）、沖縄という帝国日本の周辺部を巡ったシュワルツは、各地の風俗習慣を好奇と慈しみの目で記録している。彼のそうしたまなざしが読みとれる「琉球—忘れられた王国—」という文章がある。[31] これは、当時、沖縄を訪れた数少ない欧米人の記録である。それを読むと、シュワルツは、琉球と日本や中国との歴史的関係や、ベッテルハイム以降のキリスト教伝道についても、ほぼ正確に理解していたことが分かる。そして、シュワルツは「もし琉球が本当に独立した国で、国民が自分の好む通りにできたとすれば、昔に中国やインドで行われた布教活動と同じように成功を記録することができたに違いない」と述べ、沖縄伝道に格別

ヘンリー・シュワルツ宣教師

の期待を寄せている。

その一方で、この時期の沖縄の風俗や習慣、経済について詳述し、沖縄人の気質については欧米人宣教師としての視点から観察し、やや厳しめの評価を行っている。それは、例えば、以下の記述である。

> 琉球人の性格を表現するのに、二通りの適当な表現がある。すなわち、「怠惰な」琉球人と「気儘な」琉球人である。この両方を折衷すれば、まず間違いあるまい。男性についての評価はそうだとしても、琉球の婦人たちは高く賞賛されねばならない。彼女たちは精力的で抜け目がなく、自らを頼む気概に富んでいる。

これに関連して、シュワルツは男性の飲酒癖や「辻《ちーじ》」など遊郭通いを指摘している。また、シュワルツは飲酒の悪癖について、アイヌ民族との比較も試み、真偽のほどは別として、男女に飲酒の習慣があるアイヌに比べて、琉球では「女性は決して酒を飲まない」ので、「男たちの放縦な習慣にも関わらず、人口は毎年のように増加している」という。そして、彼は、このような沖縄人男性の性道徳の低さと飲酒癖、女性蔑視の言動については、宗教心の欠如と儒教の影響があると指摘している。

シュワルツのほか、戦前期には数名の宣教師が短期・長期に沖縄に滞在した。また、戦後の米軍占領下では、約五〇名のプロテスタントの宣教師が来島している。それらの宣教師も、同じような感想や所感を残している。シュワルツによる飲酒と性道徳の問題への厳しい指摘は、沖縄人たち、特にクリスチャンや求道者に影響を与えた。それは社会改良のきっかけとなり、同地での禁酒運動や廃娼運動などにより一定の結実を見たといえる。また、宣教師たちによる沖縄人女性に対する高い評価は、女性の伝道者や社会運動家などが活躍するきっかけをつくった。

その一方で、沖縄人気質に対しては、欧米人の、また、宣教師特有の事実誤認や認識不足などによると見られる不当な評価も感じられる。シュワルツの場合は、それでもある程度沖縄社会に融けこみながら構築された人間関係に基づいた批判であったが、米軍占領下に来島した宣教師によっては、その誤解が偏見に変わることもあった。

こうした宣教師の当時の社会への評価は、キリスト教信仰を受容した側から修正する必要があるだろう。

沖縄民謡に「廃藩《ばいばん》の《ぬ》武士《さむれー》」という曲がある、以下はその一節である。

拝《うが》で《でぃ》懐《なち》かさや　（お目にかかって、悲しいのは）
廃藩の武士　（廃藩以後の士族の方々）

背骨小《こーくぐわー》や　　　（腰は曲がってしまって）
うすんかがん　　　（少しかがんでいる）

「廃藩」とは、「廃藩置県」、つまり、「琉球処分」を指している。そして、この曲は、この歌詞に続き、以下のように、没落した士族の様子を同情的に歌っている。昔は威厳を持って街を歩いていた士族も、「廃藩」以降、すっかり自信を失い、みな腰を曲げて歩いている。そして、昔はあんなにきれいに結っていた「片結《かたかしら》」も日本風に断髪してしまった。沖縄島北部の国頭《くにがみ》に逼塞しながら、時節の到来をまっているけれども、ことばまで、「大和口《やまとぅぐち》」になってしまって、これから一体どうなるのだろうか、と。

シュワルツが指摘した飲酒や遊郭通いの問題は、この「廃藩」以後の状況と関連がある。旧士族の多くは、特権的な者を除いて生活の根拠を奪われ、職にも就けず、人生の目標を失いかけていた。そのため、飲酒に逃避し、遊郭で享楽にふけるほかなかったのではないか。

また、二〇世紀に入って、旧士族層の世代交代が進み、日本との「同化」を肯定的に考える人びとも現れた。しかし、一方で、「琉球処分」により傷つけられた民族的アイデンティティや誇りは、「同化」の努力と社会的上昇によっても、完全に解消されてはいなかったのではないか。

それに加えて、既に述べたように、沖縄経済自体が寄留者に支配されており、経済的利益は公平に分配されていなかった。このような心理的・経済的困難を抱えていたのは、旧士族層だけではなくて、他の大多数の庶民も同様であった。

南島でのキリスト教の役割は、「文明の宗教」として禁酒や廃娼といった欧米近代の価値観を沖縄に移植することだけではない。重要なのは、本章第1節の奄美でのカトリック伝道でも触れたが、国家を喪失し、搾取に疲弊している人びとを精神的にも経済的にも救済し、「愛」を実践的に示すことではなかったか。そして、その働きは信徒によっても担われた。

『沖縄キリスト教史料』[32]は、戦前期の沖縄キリスト教史を学ぶために必須の成果である。そこには、有名無名に関わらず多数の信徒たちの名前が刻まれている。それらを信徒による沖縄（南島）伝道の視点から整理していくと、信徒伝道者ともいえる何人かのキーパーソンが浮かび上がってくる。

そのひとりが、徳島県麻植《おえ》郡森山村字森藤（現吉野川市）出身の医師・大久保孝三郎である。大久保は済生学舎（現日本医科大学）を卒業して医師となり、日清戦争後、台湾に渡る。しかし、戦後の混乱とペストの蔓延で、台湾での開業の目処が立たず、帰国するために那覇に寄港する。その途上の船中で出会った「那覇久米村の上原」と「佐賀県出身の柴田」から、当時、メソジストやバプテストの教会があった那覇の久米での開業を勧められた。そして、那覇滞在中に柴田に再会し、メソジスト教会の存在を知る。そこで、長野忠恕牧師や信徒の親切と愛情に触れ、礼拝に出席するようになる。その結果、彼は久米に定住し、「大久保医院」を開業する。その医院を拠点に、大久保は貧富の別なく診察を行い、往診にも積極的に出向いたという。

大久保の患者は、主に久米周辺の裕福ではない労働者階級であった。大久保は往診に行くたびに、診療とは別に、患者宅のカマド周辺の薪棚を観察していたという。彼は薪の有無でその家の経済状況を判断し、薪がないことを確認すると、その患者の名簿に「×」をつけた。そして、その患者からは薬代などを受け取らぬように集金人に命じたという。このような診療姿勢は、大久保のキリスト者医師としての名声を高め、彼の患者の中には、教会に通い始める者もいた。それから、大久保は、日本から派遣された牧師に対して、その家族を含めた生活上の支援を行っていた。

また、大久保の患者には那覇郵便局の通信書記を務めていた田村善次郎がいた。田村は新潟県の出身で、東京の電信学校で苦学中に、海老名弾正や内村鑑三の説教を聞いていたという。その田村は読書の過労から眼病を患い、大久保の診察を受けたことをきっかけに、二人の交流が始まる。あるとき、田村は、口ひげを生やした老人の人力車夫に出会う。この老人車夫は、まさに、「廃藩の武士」であった。この体験をきっかけに、田村は、沖縄における電信事務の先駆けとなるべく、特別な研修を受けたエリート技術員として沖縄に派遣されたのである。したがって、住居や食事なども、当時の沖縄人から見ると破格の扱いを受けていたのだが、彼はそれらを拒否し、庶民と同じ生活を選んだため同僚からは「茅屋の奇人」と呼ばれていた。

こうして沖縄人と同じように生活し、老人車夫の身の上に触れながら、田村は沖縄に信徒としての生活を深めていく。そして、その田村の信仰は、同じ郵便局に勤務していた青年、東恩納盛《せい》格《かく》を信仰に導く。東恩納は戦後伝道者となり、故郷の佐敷村（現南城市）で伝道した。また東恩納の娘、津嘉山《つかやま》澄子も戦後伝道者となり、沖縄諮詢会文化部長・當山正堅《とおやませいけん》を補佐した。

大久保と田村が、当時の経済的・政治的状況下で沖縄の庶民に向けた〝まなざし〟は、宣教師や寄留者たちのそれとは明らかに違うものであった。彼らの「無言の伝道」は沖縄に定住し、「悲しむ者」に寄り添いながら、ひととしての理解を広めることで、社会の一隅を照らした。昨今、為政者の口から「沖縄の理解を得るべく努力する」などということばが聞かれる。しかし、大久保や田村のように、真に沖縄を理解し、受け入れられた者は希有のことである。

那覇メソジスト教会は、「仁術の大久保、金融の大城、書籍の小沢」の三人の中心的な信徒がいたといわれている。大久保のほか、ひとりは水戸市出身の小沢朝蔵で、彼は久茂地大通りに「小沢博愛堂」という書店を開いた。また、大城兼義は、豊見城村《とみぐすくそん》（現豊見城市）の出身で移民取扱会社や無尽会社などを経営していた。その後、大城は、政界にも進出し、県議をふりだしに、貴族院議員も務めた。

この後、メソジスト教会は大保富哉、紀秀照、野原玄三、大城カメ、比嘉保彦、佐久原好伝などの伝道者を輩出する。また、福岡出身の寄留商人・古賀辰四郎が創設した「古賀商店」の二代目である古賀善次夫妻は、旧日基那覇教会の信徒であった。古賀商店は、一時期尖閣諸島のいくつかの島を所有し、カツオ節工場を建てたことで知られる。善次夫妻は、このような商売をしながら旧日基の開拓伝道に尽力した。また、一九三〇年七月、旧日基八重山伝道所（石垣島）設立の発端になったのは、善次が古賀商店八重山支店設立のために石垣島に送りこんだ多田武一（旧日基那覇教会会員）の働きによる。

「信徒の教会」[33]の伝統は、この時期から始まっていたといえる。

第2章　深化と抵抗から見た「民衆キリスト教」の形成

第1節　読谷山教会形成とリバイバルの兆し

沖縄のキリスト教伝道は、日本と同様に、まず、内外との交流が盛んな港湾都市・那覇から始まった。そして、既存の宗教とさまざまな関係を切り結びながら、激変する社会の要請に応えて、青年や知識層に浸透した。そこでは、キリスト教は「文明の宗教」としても期待されていた。その後、キリスト教は、那覇や首里だけではなく糸満や豊見城などの都市周辺の村落でも、静かな共感を得ながら、その他の社会階層へと拡大していった。その過程で、人びとは、キリスト教に「文明の宗教」とは別の期待を寄せ始めていた。

そのキリスト教は、二〇世紀の初頭にはさらに周辺の農村へと拡大することになる。当時の農村での生活形態は都市とは違い、質的に違った難儀があった。したがって、伝道者や宣教師が農村に伝道することで、それまでとは異なる苦しみや悲しみに直面し、それらからの救済をもたらす新たな信仰のあり方がのぞまれることになる。農村の人びとは、貧困や、農村ならではの因習からの解放や救済への願いをキリスト教という新しい宗教に託して、新たな信仰を生みだしていったのではなかったか。そこで、これから、沖縄島の中部にある読谷村《よみたんそん》でのキリスト教の受容を、信仰の広がりと深化という観点から見ていきたい。

戦後の日本メソジスト読谷山教会

読谷村は、那覇市から約三〇キロメートル北方にある。もとは、読谷山《ゆたんざ》村といった。現在でも読谷へは自動車でも那覇から一時間以上かかる。また、現在の人口は約四万人であるが、戦前は、おおむね人口約一六、〇〇〇人、世帯数は約三、四〇〇戸前後を推移していた。この地の主たる産業は農業で、戦前からサトウキビとサツマイモ（紅イモ）の産地であった。ことにサツマイモでは、「佐久川」や「暗川《くらがー》」といった新品種がこの読谷山で生みだされた。このことから読谷山の人びとがいかに進取の気性に富んでいたかが分かる。

また、読谷山はキリスト教伝道が始まる二〇世紀初頭からハワイやフィリピン、南米などに多くの出稼ぎや移民を送り出している。こうして海外に越境した人びとによる出稼ぎ・移民地からふるさとへの送金は、残された家族や親族の生活を支え続けた。

このように決して豊かではなかった読谷山のような農村地域では、学校に通えない子どもたちもいた。また、その多くは着物に裸足という出で立ちで、日々の農作業に明け暮れていたという。しかし、ここでは、貧しいことは、「遅れ」や「無知」とは必ずしも結びつかない。このような環境のもとでも、苦学を続け、持ち前の勤勉性や努力によって、功を挙げ、世に出る人もいた。戦後の琉球政府行政主席の比嘉秀平や「本土復帰」時に知事を務めた屋良朝苗は、子ども時代、ちょうどこの時期の読谷山で育った。

キリスト教は、この地の子どもや女性たちも感化し、それらの人びとに希望を示した。キリスト教伝道を巡ってこの読谷山で起きたできごとは、都市の教会と農村の教会の対比という観点と、沖縄を含む南島におけるキリスト教信仰の深化の一つの典型として注目される。

戦前、読谷山に最初に設立されたメソジストの読谷山教会を前身とする日本キリスト教団読谷教会の「資料集」(34)によると、同地とキリスト教の出会いは、先述のベッテルハイムの時代に遡るという。ベッテルハイムが琉球滞在中に四福音書の琉球語訳を著したことは、既に述べた。那覇の街で、ベッテルハイムが路傍伝道を行っていたある日、読谷山村波平《はんじゃ》の「ムンナン(百次?)のじいさん」と呼ばれた人物が足を止めた。その際、彼はベッテルハイムから福音書を手渡されたという。この事実について、筆者は実証的な資料を持ち合わせてはいないが、彼はその福音書を自宅に持ち帰り、大事な物を保管する箱にしまいこんでいたという。

それから約五〇年後の一九〇六年頃、納屋の整理のため彼の孫がその箱を見つけて開けたところ、かたちの崩れた書き物が出てきたという。[35]ちょうどその頃、伝道のため読谷山にやってきたシュワルツと村井競牧師が、噂を聞いてその福音書の存在を確認したという。このことを「資料集」では以下のように述べている。

波平の一村民の家の箱の中で朽ちてしまった聖書はいつの間にか波平の土地で芽生えはじめていたのであります。実に不思議な神の摂理と申すべきであります。[36]

このエピソードが歴史的事実であったかどうかの評価はさておき、「ムンナン」氏が福音書を宗教的な力がある特別な物として大切に封印したこと、五〇年後それが発見されたことが村の噂になっていたこと、そして、数十年後の読谷教会の信徒たちはそれが神の摂理として認識し、自分たちの教会の歴史的起源に当たると考えたことは、大変興味深い。このような「歴史認識」に基づく福音理解は、南島キリスト教の一つの特徴であり、読谷山での信仰が広がり、深化していくことの一つの要因であった。

伝道開始の頃の読谷山村の状況について、メソジストの首里教会牧師であった大保富哉の読谷山伝道に何度か同行した彼の息子が、後に回想の中で以下のように語っている。

その頃追いはぎが出ると噂されていた多幸山を下って読谷村に参りましたが、ひどい飢饉の年で辛うじて芋のつるのようなものをゆでていただき、うえをしのいだとか、味噌汁を所望したら味噌を水でといて出して下さったとか、苦しい伝道の旅だった……(後略)。[37]

これは、当時の沖縄の農村では特別なことではなかった。そのような貧しさの中で読谷山伝道が始まった。

教会史によると、伝道の端緒となったのは、後に読谷山教会初代牧師となる比嘉保彦の入信であった。保彦は読谷山の出身で、師範学校卒業後に小学校教員となった。その後、読谷山小学校教頭を経て、一九〇三年、三六歳で泡瀬(現沖縄市)にある美東小学校の校長となった。ところが、この頃、保彦は長女と次女を相次いで亡くすという悲劇に襲われる。彼はその悲しみや悩みを癒すため、ユタや三世相(易者のこと)に救いを求めた。しかし、それでも心の平安は得られなかった。あるとき、彼がメソジストの那覇教会の前を通りかかったとき、「来たりて見よ」という看板を目にする。[38] それを見て教会の門を叩き、村井競牧師と出会った。

その後、保彦は村井牧師の説教を聞くため、日曜日は、毎週のように那覇の教会まで約三〇キロメートルの道程を徒歩で出かけていき、やがて洗礼を受けた。その頃、彼は、読谷山小学校で校長の任に就くが、まもなく恩給が受けられるという一九〇四年に校長を辞任し、牧師として献身する決心をして、長崎の鎮西学院に入学する。

その頃、保彦が始めた読谷山での集会は少しずつ軌道に乗りつつあった。そのため保彦は、信徒のまとめ役として知念幸保に後を託した。知念は、那覇の村井牧師の応援を得ながら忍耐強く集会を守った。そのうち、保彦の同僚だった照屋梅岩の夫人でメソジスト首里教会の会員であった清子が読谷山にやってきて、知念を助けるようになった。

また、シュワルツも読谷山の集会に深い関心を持って、村井牧師をともない、しばしば応援に赴いた。ちょうどその頃、彼は、本国教団の支援を得て、那覇の安里《あさと》に宣教師館(後に「ウランダ屋《やー》」と呼ばれる)建設を計画中であった。彼は、その整地作業のために読谷山出身の若者十数名を雇い、作業させ、休憩中には聖書講義や福音談議を行ったという。シュワルツのこうした行動は、読谷山での集会を発展させようとする戦略であった。そして、那覇での宣教師館完成後、彼らの多くは、読谷山に帰って、教会に連なるようになった。

比嘉トルは、読谷山の生まれで、二八歳で保彦のもとに嫁いだ。比嘉夫妻は、相次いで幼子を失ったとき、保彦の赴任地である泡瀬に住んでいたが、保彦はトルを気遣って、読谷山にひとり

比嘉保彦・トル

帰した。ところが、そこでトルは、子どもたちの死について、婚家の親戚男性から「この家の血とお前の家の血が合わないからだ」といわれたという。[39] 当時の農村には、因習と男尊女卑の考え方に基づく「家」意識が根強く残っており、特に女性を縛りつけていたのだ。それに加えて「ユタ買い《ユタコーヤー》」や三世相などの迷信や占いの類が残っていた。

　トルは、そのような不当な干渉に遭いながらも、土曜になると読谷山に帰ってくる保彦を待ちわびていた。ところが、しばらくすると、保彦の言動や表情に変化が見られるようになった。その原因は、保彦が帰郷のたびに、押しかけてくる友人たちへ彼が語っていることから察することができた。こうしてトルは、キリスト教の信仰が保彦を変えていったということを、次第に知ることとなった。やがてキリスト教に興味を持つようになったトルを、保彦は那覇のメソジスト教会に誘う。そして、信仰を得たトルは、シュワルツや村井牧師を読谷山に招いて伝道集会を開くことを積極的に提案する。また、保彦が小学校の校長職を捨て、妻子を残して、牧師になるために長崎の鎮西学院に行くことを決心したとき、親類中が猛反対した。しかし、トルは夫の決断を支持して、三年間、家庭を守り続けた。

その後、夫妻には二男一女が誕生する。上の男の子の保時は伝道者となり、もうひとりは医師となった。また、女の子の比嘉メリーは、後に長崎の活水女学校を出て、戦後、沖縄の与那原に沖縄キリスト教団が設立した孤児院である愛隣園の園長となった。

保彦は、一九〇七年に帰郷し、翌年読谷山教会の初代牧師となる。こうして設立された読谷山教会の伝道は、当初目覚ましい成果を挙げる。比嘉の赴任で、二〇人程度の集会が一〇〇名を超えるようになった。そして伝道開始一年間で、一〇〇名余りの受洗者を出し、リバイバルともいえる状況を呈してきた。

しかし、当時の農村地域には、琉球王国時代からのキリシタンに対する邪教観が、まだまだ色濃く残っていた。したがって、このような教会の急成長は、周辺の地域との摩擦を生みだすこととなった。

第2節　リバイバルから迫害へ

土肥昭夫らの著作と並んで、日本キリスト教史研究を志す初学者が、まず、出会うのは隅谷三喜男の『近代日本の形成とキリスト教』である。そこで、隅谷は、明治初期の日本のキリスト教徒は、「迫害によって、かえっていっそう信仰を深め、リバイバルにおいて、ついに深刻な人格神の信仰に突き当たったのである」[40]と述べている。しかし、この記述には、一つのフィクションと一つの真実がある。

明治初年、一種のアノミー状態に陥った民衆の中に生じたオルギア（orgia）ともいえる熱狂的な信仰運動が起こった。これは、新興の民衆宗教の中にも、既成宗教の中にも見られた。キリスト教の場合、それはリバイバルというこの時期特有の広範な宗教現象となって表れたのである。そのリバイバルを通して、人びとは神の声を聴き、人格神と初めて出会った。キリスト教に対する組織的な迫害事件の多くは、実は、このリバイバルの後に起こっている。つまり、人びとは迫害の前に、自らの信仰をある程度深めていたのである。

こうして、近代化により混乱した地域社会の中で起こったリバイバルと迫害は、住民と信徒・教会との衝突を惹起した。そして、その帰着によっては、教会と地域社会が変化しながら歩み寄るきっかけになっていく。

ここでは、都市から農村へキリスト教の伝道圏が広がった二〇世紀初頭の南島において、読谷山の信徒集団周辺で起こった宗教的現象を、リバイバルと迫害の観点から明らかにしていきたい。

一九〇七年、神学校を卒業した比嘉保彦は、読谷山教会に赴任した。その年の五月九日の『琉球新報』には、「読谷山教会の信徒は、従来僅々二十二名に過ぎさりしか今回新たに洗礼を受けて信徒となりしもの百九名ありといふ」とある。また、以下のシュワルツの米国宣教会への報告書にも、同様の記述がある。[41]四月の比嘉保彦宅での家庭集会でシュワルツが一三人の村民に授洗し、五月には、一〇九名が一度に受洗した。その洗礼式は比嘉の自宅の二間で執行されたため、一度に一〇人ずつ、何度にも分けて行われたという。

こうして、読谷山の集会が一度に多くの受洗者を生みだした背景には、長年、小学校の校長として地域社会の尊敬を集めてきた比嘉保彦の人格的要素も大きかった。このとき受洗した人びとの多くは教育を受ける余裕がなかった階層の人びとであった。そこで、比嘉は、信徒や集会の参加者に対して、ひとりでも聖書を読みながら信仰を養うことができるようにと、集会後、石版を持ち出して、文字の読み書きを教え始めた。それに応えて、信徒・求道者たちは、一生懸命に文字と共通語の学習に励んだという。[42]

ところで、当時の集会は、参加者が昼間の労働を終えた夜間に持たれた。参加者は、角ランプを下げて二、三人で連れ立って比嘉宅に集まり、一〇〇名余りの集会を夜半まで続けた。集められた何十もの角ランプの明かりに照らされながら、人びとが深い祈りを献げていた様子が目に浮かぶようだ。

また、日曜学校には、二〇名余りの子どもたちが集まったという。その中に、前節で紹介した照屋梅岩の息子の岸雄がいた。彼は、「この頃教会にリバイバルが起り、信者は代る代る立ってあかしをしました。八歳の私も夢中で講壇に上ってあかしをしました」[43]と述べており、当時の読谷山でのリバイバルの一端を垣間見ることができる。このように、教会が生まれた時点で、既に、人びとは神との人格的な交わりを求め、神の声を聴きに集まり、篤い祈りを捧げるようになったのである。これが、読谷山のリバイバルであった。

　こうして、リバイバルという激しい信仰形態をともないながら、数か月の間に人口の約一％に当たるキリスト教徒の集団が人口一六、〇〇〇人の村に出現した。この信徒集団の急成長は、必然的に一連の迫害事件へと発展していく。

　その迫害の背景には、琉球王国時代から人びとの間に広がっていた邪教観があると指摘されている。しかし、同じ地域で暮らしてきた教会関係者は、その邪教観に接していながら受洗したのだ。したがって、迫害事件の要因は、他にもあるだろう。例えば、毎晩、大挙して比嘉宅にやってきて、夜半まで激しい祈りをくり返す信徒たちの行動は、周囲の人びとの警戒心と疑心暗鬼を呼び起こすのに充分であった。

　こうして、キリスト教の浸透に危機感を抱いた地域社会の指導者である区長たちは、比嘉自作《じさく》村長に働きかけ、その対策のために動き始めた。その手始めとして、村民と信者との交際を禁止し、交際の復活を求める信者に対しては、一円の罰金を徴収した上で、棄教を誓約するように迫った。

比嘉牧師は、師範学校の同級生であった比嘉村長や各区長たちとなんとか話し合い、迫害をやめるように説得を試みた。しかし、村長や区長たちからは、信徒を含めて他地域への退去勧告を受けた。これにより、比嘉牧師は指導的な信徒たちと協議の上で、財産を処分して首里移転を決意した。しかし結局、その決意が他の信徒を動かし、一九世帯の信徒たちが最後まで読谷山で信仰を守る誓いを立てた。

それでも、組織的な迫害はいっそう激しさを増した。それら一連の迫害の特徴は、各個人ではなく、家（各戸）が対象となっている点にある。まず、共同井戸の使用が禁止された。また、年末になり、村では製糖期を迎えていたが、信徒の家は村の製糖工場の使用が禁止され、死活問題となる危機を迎える。こうして生活の手段を脅かされた信徒家族は、自力で製糖工場を建てる道を模索した。そして、村内でその敷地を確保し、工場や機械・設備の費用については比嘉牧師家から無利子の融資を受けて製糖工場を建設した。

そして、この一連の迫害の事実は、〇七年暮れには嘉手納警察署の知るところとなり、迫害した側の関係者は取り調べを受ける。その結果、迫害行為は「信教の自由」に反するとして、区長たちには警察署から厳しい勧告がなされた。

その後、一九〇九年の一〇月末から一一月初めにかけて、読谷山で大規模な伝道集会が開かれ、連日、一〇〇名前後の参加者があったと報道されている（『琉球新報』同年一〇月三〇日）。また、一九一〇年のクリスマスには「来賓、信徒、求道者、日曜学校及木曜学校生徒等二百五十余名の盛大なる祝会」が開かれた（同紙、同年一二月三一日）。これを見ると、地域社会がキリスト教会を認知したように見える。

　しかし、ひとたび激しい衝突を経験した地域社会と教会との間には、対立の火種が残っていた。また、公権力によって自らの活動に「お墨付き」が与えられたと理解した教会側には、「旧約時代に於ける選民思想に類する排他的独善主義的行動が芽生え」[44]、両者の対立は複雑化、深刻化していく。確かに、比嘉自作村長は、信教の自由に関する警察の勧告後は、自宅を教会の集会に開放するなど教会に協力的な態度を示すようになる。また、村長夫人の静子は教会員となる。その一方で、キリスト教に対する攻撃は、法に触れないように巧妙になり、事情聴取を受けた区長たちも反対運動の前面には出ず、背後で扇動する側にまわるようになっていた。一九一〇年には、比嘉牧師が首里に転出し、代わって神山本淳牧師が読谷山教会に赴任する。この頃にも、教会や個人に対する投石や暴行、門中《むんちゅう》（父系血縁集団）からの排除、結婚への反対など個人的な迫害は続いていた。

神山本淳

　読谷山出身で後に伝道者となった上原愛子に対するものも、このような迫害の一つであった。上原の母はもともと熱心なクリスチャンで、その母の影響から彼女はキリスト教に強い関心を持っていた。彼女は、結婚直前に原因不明の腹部の病気にかかってしまう。そのとき、牧師（教会の記録では比嘉保彦とあるが、年代的に見て、村井競の可能性もある）から「わが心なり、清くなれ」とのことばをかけられ、癒され、彼女は受洗することになった。

しかし、彼女は受洗の事実を隠して、読谷山屈指の豪農の家に嫁いだ。ところが、長男が三歳になった頃、その事実は親戚の知るところとなり、信仰を理由に棄教か離縁かの選択を厳しく迫られる。そして、結果的に彼女は離縁され、子どもを連れて実家の兄夫婦のもとに帰され、二男を出産するが、その子はまもなく落命する。上原は、その苦しみを乗り越えるように、教会生活に励んだ。自給できない教会にあって、養蚕業により収入を得て、それで神山牧師一家の生活を支えたのも彼女の働きによる。

これらの体験から、上原愛子は伝道者としての献身を決意する。しかし、その歩みは、聖書を読むための読み書きの初歩から始めなければならなかった。この時期、神山牧師は、内地でホーリネス教会の中田重治を知る。上原は、苦闘の末、神山とともに、一九一二年四月、東京聖書学院に入学する。

上原は、その後、卒業間際に比嘉牧師からたのまれ、伝道の補助のために帰郷する。そして、路傍伝道などで、多くの人を信仰へと導いた。以後、再び長崎の活水女学校で学び、大阪の蒲生教会へ派遣された。そこでの伝道を皮切りに、沖縄島や台湾、石垣島で伝道し、戦後はコザ伝道所、美里教会でも牧師を務めた。

ところで、神山牧師は、中田重治と出会った後、激しい迫害を経験した読谷山の信徒のためには、確信を得るための祈りが必要であると痛感した。そして、信徒を誘い、教会や座喜味《ざきみ》城址で、毎朝、早天祈祷会を開いた。また、比嘉牧師時代に毎夜開かれていた祈りの集会や、祈りによって病が癒された上原愛子の行う、聞く者の霊性を呼び覚ます路傍伝道など、リバイバルを経験し迫害を乗り越えてきた読谷山の地には、本土や首里・那覇に比べて特徴的な信仰が醸成されていた。

その読谷山のリバイバルを少年時代に目撃したのが、村井競牧師の息子、村井じゅんであった。村井は、その後、青山学院で神学を学んだが、一九一八年、岡山で聖霊の存在を感じ、異言を発するという体験をする。そして、青山学院を中退し、日本聖書教会（後の日本アッセンブリーズ・オブ・ゴッド教団）の牧師となった。また、一九四一年、台湾で訪れた真耶蘇《しんやそ》教団の影響を受け、イエス之御霊教会を設立する。

現在、南島地域には単立教会を含めて三〇近くのイエス之御霊教会がある。そして、その範囲は、喜界島・奄美大島から与那国島へと続く、琉球弧全体におよんでいる。このようなペンテコステ体験を重要視するような福音派的信仰の連なりの源流の一つが、二〇世紀初頭の読谷山リバイバルにあったのではないかと、筆者は考えている。

第3節　「深化」と「越流」の震源——伊波普猷・普成兄弟と沖縄組合教会

組合教会は、戦前の南島に、教派としてのかたちのある足跡は残していない。その活動期間は、一九一六年から二〇年代前半の数年間に過ぎず、単独の教会堂も建てられなかった。日本からの伝道者や宣教師の派遣もなかったと思われる。この「独立教会沖縄組合教会」と称された教会を指導したのは、当時の沖縄県立図書館嘱託館長であり、後に「沖縄学の父」と呼ばれた伊波普猷であった。そして、その弟で、沖縄毎日新聞記者であった普成《ふせい》（月城《げつじょう》）も、兄の活動を支えた。

ところで、従来の日本キリスト教史では教派・教団史中心の分析・記述がされてきたので、「地方」の教会は伝道される教会、つまり、伝道の客体として扱われ、宣教師や牧師に感化され、教化される対象として低く評価されてきた。しかし、伊波普猷・普成兄弟らによる沖縄組合教会に対しては、そのような評価は当たらない。沖縄組合教会は、日本人牧師や宣教師の助けを借りることがなかった。その上、若手知識人のサロンや文化センターとしての役割を果たし、まさに、キリスト教交流の出発点・結節点となったという意味で、極めて独立性と自律性の高い教会であった。

伊波普猷とキリスト教の出会いは、外間守善と比屋根照夫作成の「年譜」[45]などによると、以下の通りである。普猷は、一九〇〇年、二五歳の時、京都の第三高等学校に入学する。そして、翌年頃、精神的な疲労により、心の拠り所を求めて、西本願寺派の仏教青年会や聖公会のバイブル・クラスに出入りをしていた。そこで、平安女学院の教員であったマルサ・オルドリッチに出会う。普猷は、彼女が語った「神の下の平等」というキリスト教の思想に強い感銘を受けたという。

その後、東京に行き、一九〇六年に東京帝大を卒業して帰沖した普猷は、『琉球新報』(同年七月一三日付)によると、那覇・久米のメソジスト教会で英文によるバイブル・クラスを始めた。また、普猷は「沖縄基督教青年会」を組織し、その会長に推薦された。このバイブル・クラスは、弟・普成と村井競の協力を得て那覇のメソジスト教会で続けられ、同年一〇月頃には「沖縄正則英語研究会」となった。また、首里のメソジスト教会などでもしばしば聖書やキリスト教に関する講演会を開催していた。

この青年たちの集まりが、やがて、自由を標榜する組合教会設立のきっかけとなる。

一方、弟の普成はどのようにしてキリスト教徒となったのだろうか。[46]普成は、一九〇〇年に青山学院に進学し、米国人宣教師B・チャペルより英文学を学んでいる。後に、普成が洋書の翻訳を多数手がけるのは、ここでの学問が出発点となっている。また、青山学院在学中に、海老名弾正が牧会する本郷教会(組合教会)に出席している。キリスト教の洗礼を受けたのも、この頃だと思われる。

一九〇六年、兄とともに帰沖し、〇九年には沖縄毎日新聞の記者になる。記者としての普成の第一の功績は、兄である普猷の著作を新聞紙上に次々と発表したことにある。「月城（普成）がいなければ、普猷もいなかった」ともいわれている。普成は、人間としての価値を、「只人間として存在すること（to be a man）」に置き、国家主義とは距離を持った生き方を実践したといわれている。その生き方がよく表れているのが、以下のエピソードである。

一九一一年四月、京都帝大助教授の河上肇が地割制度調査のため来沖する。そして、県の依頼で「新時代来たる」と題して講演を行う。それは、「歴史的にナショナリズムの影響をあまり受けない周辺地域では、新時代の『偉大な豪傑』が出現している。その意味で、自分は沖縄県民に期待している」というような内容であった。しかし、その中の「本県に忠君愛国の思想は薄弱なり」という個所について、河上に対する強い抗議の声が沖縄の各所で挙がった（「河上肇舌禍事件」）。

このとき、地元紙がほとんど河上批判一色になる中、普成はひとり次のように反論する。「他県人のように、国家主義に囚われていては、自由や理想に近づくことはできない。筆者たち琉球人は、狭隘な国家主義や忠君愛国思想を超越し、世界平和の理想を達成する。それこそが、天から与えられた使命なのではないだろうか」と。[47] 普成は、これ以前にもトルストイや内村鑑三、木下尚江などを紙上で紹介しているが、その視点は自己中心的な帝国主義の排斥と世界平和の実現へと向けられていた。

また、普成の思想の特徴は、世界のマイノリティに対する視座に表れている。[48] 例えば、普成は、アギナルドによるフィリピン革命を賞讃し、日本の朝鮮半島への侵略を批判した。また、南アフリカで英国人に圧迫されるボーア人（オランダ系住民）たちに同情の意を示し、トルコやユダヤ、インドの人びとにも深い思いを綴っている。国際政治の中のマイノリティの地位を自分たち沖縄人と重ねあわせて、普成はみずからの思想を深化させていった。そして、このようなまなざしは、沖縄組合教会に集い、やがて沖縄から越境していった若者たちにも受け継がれた。

その後、普猷が再上京した一九二五年を最後に、普成の足跡は公的な場から忽然と消える。三一年頃には熊本県八代に住んでいたらしいが、後に沖縄に帰郷したらしい。そして、一九四五年五月三〇日、沖縄戦の最中、六五歳で戦場死したといわれるが、死亡場所すら確認されていない。[49]

一方、一九〇六年の帰沖後の普猷について、彼の弟子である島袋全章《しまぶくろぜんしょう》による手稿本「大久保孝三郎伝」では、以下のように述べられている。[50]

> 沖縄に戻って、普猷は那覇メソジスト教会のシュワルツの知遇を得、同教会員の医師・大久保孝三郎と親しく交際していた。一九一〇年代、第一次世界大戦の影響で沖縄産黒糖の価格が急騰

し、一時的に好景気がやってきた。それにともなって、一部に酒色による風紀の乱れが懸念されるようになる。すると、普猷は、大久保とともに「禁酒廃酒運動」や青年男女の精神の刷新のための働きに加わるようになる。沖縄の置かれたこのような状況を救済するために、普猷は、宗教、なかんずく、キリスト教による精神の立て直しが必要であると考えるようになった。そして、教会から出発した禁酒運動は、やがて、「沖縄廃酒期成会」という大衆運動に発展していく。こうして、帰沖後の普猷は、飲酒や遊郭の問題に積極的に関わった。それと同時に、彼は、那覇や首里のメソジスト教会を拠点としてキリスト教伝道や琉球文化の再評価、風俗改良のための講演会で精力的に発言を続けた。また、普猷は、標準語を解しない住民のために沖縄のことばで説教や講演をしたという。

一九一三年頃になると、当時活動を始めていた旧日基の集会やバプテストの教会でも講演会を開催している。特に、同年六月から、普猷は那覇西の自宅を開放して、毎月旧日基の説教集会を開催していた。また、この頃、普猷は、自宅で「子供の会」を開催し、島袋全章、比嘉賀秀《がしゅう》、比嘉春潮、伊江朝貞などが講師として参加した。そして、この会に参加していた金城朝永《ちょうえい》、山里永《やまざとえい》吉《きち》、新垣美登子《あらかきみとこ》、知念《ちねん》芳子、名嘉原《なかはら》ツルらは後に、組合教会創設時に名を連ねることになった。

こうして、一九一六年三月四日、バプテスト教会を離脱した比嘉賀秀（静観）牧師とともに、普猷は「沖縄組合教会」を設立する。ところが、塩野和夫『日本組合基督教会史研究序説』（新教出版社、一九九五年）によると、一九〇〇年度と三五年度の統計によると沖縄県は「教会空白県」となっている。また、教会設立に当たって、牧野虎次が派遣されたという記録もあるが、詳細は不明である。したがって、教会設立に当たり、その特徴である各個教会の独立性・自律性に惹かれた普猷が、「組合教会」を名乗った可能性が高いと思われる。

また、翌年、やはりバプテスト教会を離脱して合流した照屋寛範は、沖縄組合教会の性質について以下のように述べている。第一に、思想はユニテリアン的であり、正統的な組合教会のそれではなかった。第二に、ミッションの世話にはならず、あくまでも自給独立であり、信徒の献金についても自由であったため、教会の財政は苦しかった。教会財政を援助したのはメソジスト教会の大久保たちであったという。

さて、同年三月五日の組合教会発会式に参加したのは、後に沖縄内外で教育や文学・芸術、社会事業などの分野を主導することになる若い男女であった。特に、普猷の人格的魅力によって集められ、感化を受けた女性たちは、「モダンガール」ともいえる先駆的な女性たちであった。彼女たちの存在は、普猷の「神の下の平等」への深い思いを表している。

これら男女の活動については、次節、詳しく論じたいと思うが、最後に、「独立教会沖縄組合教会」の消滅とその存在意義について述べておきたい。「年譜」の組合教会の記述は、一九一八年五月以降、見当たらなくなる。そして、一九二一年の初めの柳田国男の沖縄訪問と二五年の普

沖縄組合教会と女性たち

猷の東京行きを機会に、沖縄組合教会は完全に活動を終える。沖縄は、この時期、第一次世界大戦後の不況と国際的砂糖市場の暴落により「ソテツ地獄」といわれる時代に突入していた。それによって、多くの沖縄人たちが日本や海外に出稼ぎや移民として「越流」していく。それに呼応するように、キリスト者の移動・交流も活発化する。

沖縄組合教会で、普猷とともに働いた沖縄人伝道者や、彼の感化を受けた若い男女のうち、ある者は沖縄に残り、普猷の始めた「沖縄学」の後継者となった。また、海外へと越境した者たちの中には、キリスト教伝道や社会活動を通じて、出稼ぎ・移民先で苦労していた郷土や日本の同胞を支援するために、労働運動などに身を投じた者もいた。

沖縄県公文書館の閲覧棟入口に、以下の普猷のことばが掲げられている。

深く掘れ《ふり》、己の胸中の泉《などぬんにうちぬいじゅん》
餘所《ゆす》たよ《ゆ》て水《みじ》や汲《く》まぬごと《ぐとぅ》に

これは、普猷が「汝の立つところを深く掘れ。其処には泉あり」というニーチェのことばを翻案した琉歌である。伊波普猷・普成兄弟が建てた沖縄組合教会は、時代の激流の中で、沖縄の基底を掘り下げ、世界に共鳴を深めていく「震源」となったといえる。

第4節　南島キリスト教史上の女性たちと〝底辺〟へ向かう志

南島における宗教的な行事では、女性が伝統的に大きな役割を果たしてきた。琉球王国では聞《きこ》得《え》大君《おおきみ》やノロが、そして、民間のユタなどがそれである。このように、女性である姉妹を意味する「オナリ（ウナイ）」の「セジ（霊力）」が男性である兄弟（「エケリ」）を守護すると考えるようなありようは、「オナリ神信仰」と呼ばれ、沖縄だけではなく、先島や奄美地域にも見られる。

本書では、これまで、幾人かの女性の信徒や伝道者を断片的に取り上げてきた。彼女たちがキリスト者として活躍し、周囲からも尊崇の念を持たれた背景には、「オナリ神信仰」との関連が見られるのではないか。一方で、前節の末尾で触れたように、伊波普猷の薫陶を受け、「神の下の平等」の思想のもとで、世に現れたモダンガール（「新しい女」）たちがいた。彼女たちも、また、南島キリスト教会における女性の位置を鮮明にする存在である。彼女たちは、エリートであった。しかし、同時に、彼女たちは、社会や歴史に対する明確な問題意識を持っていた。そして、彼女たちは、みずからが向かい合わなければならない存在と目標を明確に定めて、行動する女性たちであった。そこで、この節では、一〇代でキリスト教に触れて社会に対して眼を啓いていった女性と、そのような社会の中で周辺的な存在に目を向けて伝道者となっていた女性を取り上げたい。

伊波普猷が沖縄組合教会を創設した一九〇〇年代の初め、沖縄島の若い知識人たちの間には三つぐらいのグループがあった。組合教会に参加していた金城芳子（旧姓知念）は、それらのグループのことを「塾」と呼んだ。[51]

まず、伊波の組合教会（「伊波塾」）には、伊波兄弟と島袋全章、高里盛文《たかざとせいぶん》、比嘉春潮ら（以上、メソジスト教会から）と、崎浜秀和《さきはましゅうわ》、比嘉賀秀牧師、照屋寛範牧師（以上、バプテスト教会から）が集まった。また、北南米や台湾からの帰郷者もいた。そして、伊波兄弟による日曜学校「子どもの会」以来の浦崎永錫《うらさきえいしゃく》、山田有功《ゆうこう》、島袋盛敏《せいびん》、徳田安儀《あんぎ》、山里永吉、金城朝永《ちょうえい》などの青年もそれに加わった。

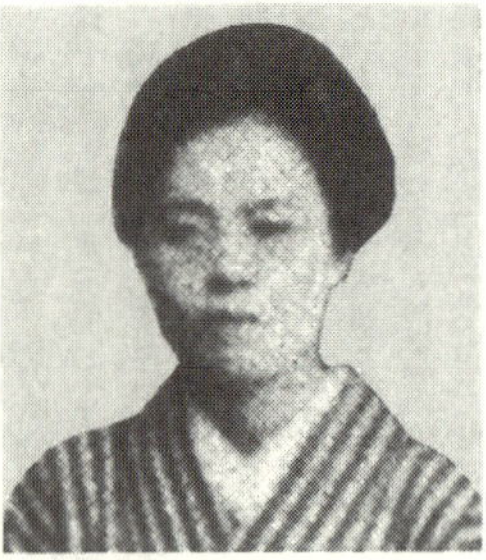
富原初子

伊波冬子

また、伊波と組合教会には多くの女学生や女性教師が集まったことは、他の「塾」にはない際だった特徴である。その女性たちは、比嘉初子、屋嘉《やか》芳子、永田八重子・美津子姉妹、真栄田《まえだ》冬子、知念《ちねん》芳子、玉城オト、名嘉原《なかはら》ツルなど、多彩な顔ぶれであった。

この他、「伊波塾」の主要メンバーでもあった比嘉春潮は、島袋盛敏や永島可昌《かしょう》など進歩的な教員を集めて社会主義研究書を読む会を組織した（「比嘉塾」）。また、「伊波塾」の山田有功の兄・有幹《ゆうかん》も、若いジャーナリストたちを集めて社会主義についての研究会を主催していた（「山田塾」）。

この三つのグループのメンバーは、それぞれ重なっている者も多く、互いに頻繁に交流していた。

ところで、組合教会は、「組合せ教会」と呼ばれていた。儒教の影響が強かった当時の沖縄では、若い男女が一堂に会し、対等に意見を戦わせることもあった組合教会に対して、社会的に強い批判があった。また、それら男女の間には、同志的感覚だけではなく、恋愛感情が生じる場合が多かった。事実、組合教会の内部では、少し複雑な恋愛事情が見られた。

例えば、日本女子大を卒業後、高等女学校の教師として組合教会に集う女学生たちに接してきた比嘉初子は、旧日基首里教会の牧師であった富原守清と結婚する。また、永田八重子は照屋牧師の夫人となり、妹の美津子は高里良恭《りょうきょう》（後、中央大学教授。西洋史）の妻となった。

この他、伊波自身が妻帯者でありながら真栄田冬子と恋愛関係となり、二人は前後して東京に移り、同棲を開始する。また、玉城オトと山田有幹、知念芳子と山田有功や金城朝永なども、当時の一般的な道徳観や結婚観とは違った男女の関係を結んでいる。

その原因の一端は、伊波の持つヒューマニズムであったようだ。金城芳子は、それについて次のように述べている。伊波は、新約聖書の「パンと魚の奇跡」の物語について語り、「人びとが愛し合い、気持ちが連帯することによって豊かな心となり、みんなが食べたように満足したと話される」[52]と。

また、伊波はしばしば「民族衛生講話」を行っているが、そこには一種の優生思想が見られる。例えば、以下のような事例である。伊波は、「神の下の平等」を唱えながらも、沖縄の「新しい女性」を「大和化」し、「優秀な女性」に育てようとした。そして、伊波は、因習によって成立した婚姻関係を一旦清算し、教養のある優秀な女性が支えることで、そのパートナーである男性の社会的上昇も可能になり、優秀な子孫も育つと考えていた。[53]

そのため、組合教会の女性たちの多くは後に沖縄内外の各界で活躍する男性のパートナーとして、彼らの仕事を支える役割を果たした。このことは、「伊波塾」の可能性と限界を同時に示している。

「伊波普猷を巡る五人の女」——。

これも、沖縄組合教会を揶揄する表現の一つである。この「五人」とは、新垣美登子、真栄田冬子、名嘉原ツル、玉城オト、知念芳子を指すと思われる。このうち、新垣美登子は、那覇市上之蔵で産婦人科医の家に生まれた。県立高女に入学後、県立図書館で伊波普猷に出会い、指導を受ける。卒業後、東京の日本女子大学に入学するものの、病気で中退を余儀なくされ、帰郷する。健康をとりもどした新垣は、一九二二年、再び東京に行き、放浪詩人の池宮城積宝《いけみやぎせきほう》（広津和郎「さまよへる琉球人」のモデル）と結婚する。その後、池宮城とも別れて、那覇で「うるま美粧院」を開店し、美容師をしながら、文筆活動を始めた。

新垣美登子

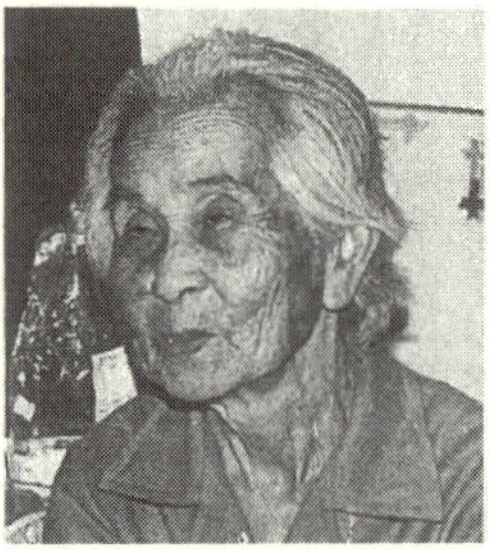
王城オト

そして、新垣は、一九三五年から『琉球新報』紙上で「花園地獄」の連載を始める。[54]これは辻遊郭をモチーフにした小説であった。新垣は、子どもの頃から父親の産婦人科医院で、検査や治療に来る辻の女性たちを見てきた。また、彼女自身、文学仲間の男性たちとしばしば辻に出入りしていた。(55) こうして辻の実態をよく知っていた新垣は、男の帰りを待つ妻たちも含めて、遊郭という複層的な空間を、「地獄」として告発した。そこには、新垣が、伊波普猷により掘り起こされ、やがて、そこから離れて自立する過程で、「社会へのまなざし」を内面化していった軌跡が表れている。

この小説が書かれた時期は、ちょうど、日本の女性キリスト者の影響を受けて、日本基督教婦人矯風会那覇支部が設立された時期と重なっている。こうして、伊波を源流・震源とする女性の活動が他の女性キリスト者のそれと交流を重ねて、新しい時代をひらいていった。

次に、玉城オトは、那覇人の父と八重山人の母(父の本妻ではない女性)の間に八重山で生まれた。四歳の時、那覇に来て、本妻のもとで養育された。県立高女卒業後、沖縄島北部で教職に就いた。しかし、転任を機に那覇に戻った玉城は、組合教会に通い始め、伊波や女性たちに出会う。

組合教会では、外国文学や哲学のほか、エスペラントの講義が行われていた。玉城は、「比嘉塾」と「山田塾」など、社会主義運動のグループが合同で行った「アナ・ボル合同研究会」にも参加し、そこで、妻子ある山田有幹と出会い、男児(「冷人《レーニン》」)をもうける。

しかし、愛児の死をきっかけに、山田との関係は破綻し、社会からの激しい批判にさらされる。不倫に対する批判は男性の山田ではなく、主に女性である玉城に向けられ、それに、社会主義に対する偏見と非難が重なった。そして、玉城は沖縄での過去を断ち切るように、一九二七年に南米のブラジルに移民する。社会主義運動に傾斜し、移民として「越流」していった玉城の軌跡は、組合教会に集った若者たちの典型の一つでもあった。

伊波普猷のキリスト教伝道と啓蒙のための活動は、組合教会の内部にとどまらなかった。伊波は、沖縄島で頻繁に講演活動をしており、その足跡は、調査もかねて、先島（宮古・八重山群島）や奄美群島にもおよんでいる。

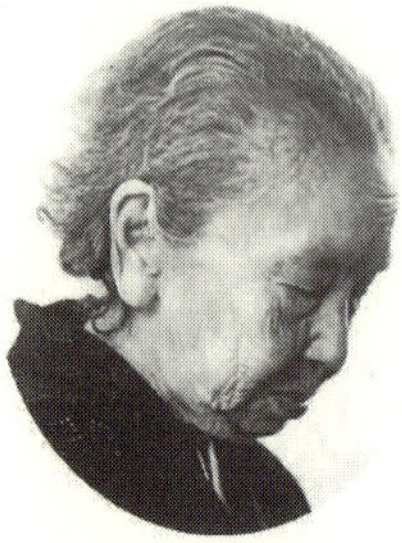
大城カメ

その中で、伊波と出会い、活動を支えられた女性伝道者として、まず、大城カメを挙げることができる。大城は、これまで述べてきたエリート女性とは違う。大城は、玉城村《たまぐすくそん》のノロ殿内《どんち》[56]の一人娘として生まれ、「琉球処分」の直後、九歳の時にノロに就任する。一六歳の時に望まぬ結婚をするが、約十年後、夫と子どもたちを相次いで失う。そして、失意のうちに友人と気晴らし（反物商い）に出かけた読谷村で、偶然、メソジスト教会の佐久原好伝牧師と出会う。大城の回心の背景には、比嘉トルや上原愛子と同様に、肉親の突然で理不尽な死があった。そして、旧来の信仰では癒されない思いを抱えていたところにキリスト教と出会う。そして、キリスト教の教えに救いを求めた。また、キリスト教には聖書や体系的な教義があるところにも、宗教者としての大城は惹かれたと述べている。[57]

こうして、一九〇六年に洗礼を受けた大城は、一九一四年に、メソジスト教会の比嘉保彦牧師を当山ノロ殿内に招いて、聖書の講義所を開いた。しかし、その講義所に集まる人が増えるにつれて、もともと琉球王国に任命された女性司祭であったノロがキリスト教に「改宗」し、その屋敷を異教の伝道所にしたことに対して、地域住民の反発も激しくなり、比嘉牧師一家も与那原へ転居する。

結局、大城はノロの役目を返上することを宣言し、信仰の対象物や祭具を溜め池に放りこんでしまった。先述の読谷村での迫害と同様、キリスト教に反対する人びとは、伝道所に出入りする人に対して交際禁止を言い渡した。このような迫害的な行為は、クリスチャンでもあった与那原警察署の久場政盛署長の仲介で解決した。また、ノロ殿内の使用についても一〇年近い交渉の末、地域との和解が成立して大城は伝道活動に専念することになった。

佐久原好伝

大城の孫である嶺井百合子[58]によると、大城カメは、伊波普猷や比屋根安定、比嘉・佐久原両牧師などに師事し、その交流の中でみずからの信仰を深化させていった。また、伊波が訳した『琉球語賛美歌』を愛唱するなど土着的な伝道も好んだ。

大城カメのこころが動かされたのは、佐久原牧師に「神の子イエスさまは、私たちのために十字架にかかり給うた」と説かれたときだという。このできごとが、回心の瞬間であった。そして、それは、大城がみずから「低き」に向かう志の原動力となったのであった。

第5節　ディアスポラの沖縄人たちの信仰と社会主義

沖縄にとって、二〇世紀は出稼ぎ・移民の世紀であった。沖縄では、戦前から、日本本土だけではなく、海外への出稼ぎ・移民が盛んであった。ごく大雑把な数字だが、海外に約三〇万人（三〇か国以上）、県外（本土）に約三〇万人の沖縄出身者とその子孫（沖縄では、しばしば「県系人」と呼ばれる）がいるといわれている。これも大雑把だが、沖縄県の人口（約一四〇万人）は日本の総人口の約一〇〇分の一だから、日本全体の人口サイズにこれを置き換えると、約六、〇〇〇万人の移民がいることになり、沖縄がいかに多くの移民を送り出しつづけたかが分かる。

沖縄での本格的な出稼ぎ・移民は、一八九九年末の当山久三《きゅうぞう》らによるハワイ移民に始まる。また、一九二〇年代の「ソテツ地獄」と呼ばれる時代には、経済的な困窮から出稼ぎ・移民が急増した。しかし、沖縄人たちの出郷は、経済的困窮からだけではなかった。世紀転換期には、徴兵忌避（沖縄では、「旧慣」廃止の一環として、一八九八年に全面的に徴兵制が実施されたが、移民は一時的に徴兵を猶予された）のための移民があり、「旧慣温存」政策の終焉により土地を離れる自由を得て「海外雄飛」を企てた例も決して少なくない。

そして、それらの人びとの出郷先は、ハワイ・米国本土から、南米や東南アジアなどにおよんだ。また、国策により、南洋群島や台湾、朝鮮半島、旧満洲、樺太など帝国日本の植民地・勢力圏にも多くの植民者がでかけていった。それらに加えて、南島圏内の人口移動、例えば、奄美から沖縄、宮古から八重山、先島から沖縄などへの移動も盛んであった。

このように、南島圏から「越流」した人びとは、帝国日本の周縁部である植民地などを「循環」したり、出郷先でさまざまな体験をし、多くの知識を得た上で、再び南島地域に「還流」したりもした。もちろん、出郷先では、厳しい労働と容易に克服されない貧困があった。また、受入先だけではなく、そこにある「日系人社会」からも激しい差別を受けた。それでも、なお、本土各地、世界各地に同郷人の集住地区を形成しながら、沖縄出身者たちは懸命に働き、故郷に残った家族・親族の経済を支えるために生き抜いた。

比屋根照夫は、そのようなディアスポラの沖縄人たちの幾人かを取り上げて、その思想史的意義を論じている。(59) これらのディアスポラの沖縄人たちの中には、出郷前にキリスト教の洗礼を受けていた者もいれば、移民先でキリスト教信仰に初めて触れた者もいた。そして、人の移動にともなうキリスト教信仰の越境（「越流」と「還流」）で、南島のキリスト教は新しい経験を得て、その都度、活性化していった。

これら、沖縄や南島からの出稼ぎ・移民とキリスト教伝道の関係を交流史的に問うために、まず、米国本土・西海岸の沖縄人社会の記述から始めたい。

米国西海岸における沖縄人ディアスポラの形成は二〇世紀初頭から始まっている。一九〇六年、ハワイに渡った仲村権五郎《ごんごろう》は、同年、ロスアンジェルスに移った。そして、南カリフォルニア大学卒業後、弁護士となり、二四年、同地に開いた法律事務所で日本人移民の法律相談に当たった。仲村はキリスト者であり、戦後、沖縄キリスト教会の理事長を務めた比嘉善雄は娘婿に当たる。また、一九五一年五月、沖縄キリスト教会から松田定雄、小橋川慧《こばしがわあきら》、金城重明の三名が、米軍占領下の沖縄から初めて日本の青山学院大学文学部基督教学科へ留学した際、その資金を調達したのは仲村たちであった。

また、これから述べる在ロス青年組織である黎明会の中にも、屋部憲伝など、キリスト教の洗礼を受けた者も含まれていた。屋部憲伝は、一八八八年、首里・山川の生まれで、「屋部軍曹」として沖縄では知られていた憲通《けんつう》の息子であった。憲伝は、その職業軍人の父に反発してキリスト教会に接近していく。憲伝の友人・比嘉春潮によると、初めは聖公会の教会に通ったが、すぐにメソジストの首里教会に移り、沖縄県中学校在学中（一九〇二―〇七年）に奄美群島の徳之島出身の大保富哉牧師より受洗した。また、この頃、憲伝は、トルストイと、内村鑑三や無教会にも傾倒していったという。

先述の通り沖縄では、「旧慣温存」政策末期、一八九八年に徴兵制が布かれた。憲伝は、中学校卒業後の一九〇八年、二〇歳で神学研究を名目にハワイに出国する。彼は、トルストイの博愛主義・人道主義や内村鑑三の非戦論に影響を受けていたと見られ、この出国は、「徴兵忌避」のためであったといえる。こうして「良心的兵役拒否」を実践した憲伝は、ハワイで、同志社出身の奥村多喜衛が設立したマキキ聖城キリスト教会に通う。憲伝は、奥村牧師宅に住みこみ、英語と聖書を学び、伝道者としてハワイの沖縄人同胞につかえる道を志すようになる。そして、彼は、キリスト教伝道のためにハワイ各島を巡回しながら、沖縄出身者や日本からの出稼ぎの苦闘を目の当たりにした。そこで、憲伝は、同胞の救済を願うと同時に、社会や経済の中に不正義が横行していることを痛感した。このような社会の矛盾に直面し、屋部は、キリスト教のあり方に疑問を持ち始める。

一九一二年、ロスアンジェルスに渡った屋部憲伝は、次第にキリスト教伝道から離れ、社会主義運動に傾斜していった。(60) そして、憲伝は、沖縄出身者の青年同胞と北米沖縄県人会を組織した。当時の「県人会」は、日本本土でもそうであったが、単なる親睦会ではなく、住居や職の斡旋や労働条件の団体交渉を担ったりもした。また、画家を志して出郷していた宮城与徳《よとく》などとともに「社会問題研究会」を組織するが、それが二一年の黎明会創設へとつながっていく。

黎明会は、「日本人でもない沖縄人。アメリカ人でもない非日本人」の団体として設立された。しかし、次第に他県出身者や米国人も参加するようになり、他の日系人の労働者団体とも関係を持つようになる。そして、彼らは米国共産党に入党し、一九三二年一月の「ロングビーチ事件」で、憲伝を除くその中心メンバーは国外追放となった。その後、彼らはソ連に渡ったが、スターリンの粛清にあい処刑されたと見られる。また、宮城与徳は、三三年に日本に帰るが、四一年、「ゾルゲ事件」に関与したとして逮捕され、四三年に獄死する。

以上、キリスト教史からは少々逸脱してはいるが、屋部憲伝の地理的・思想的「越境」の軌跡は、彼のキリスト教信仰の特徴である弱者や底辺に生きる人びとへの使命感や不正に対する怒りが、時代や他者と共鳴する中で、描かれたものであるといえる。また、以下に述べる比嘉静観《せいかん》たちも、そのような「越境的キリスト者」であった。

静観は、一八八七年、那覇・東町の生まれで、一九〇九年に福岡バプテスト神学校に入学。一一年には日本バプテスト神学校（現関東学院大学）に移った。卒業後、一三年にバプテスト教会の牧師として沖縄に赴任する。しかし、ファンダメンタリストであった原口精一牧師の伝道方針との違いから同教会を離脱し、一六年、伊波普猷とともに沖縄組合教会を設立する。静観の出郷のきっかけは、ハワイ・メソジスト教会から日本語牧師として招聘を受けたことにあった。その背景には、シュワルツ宣教師（メソジスト）の奨めがあったと見られる。静観は、シュワルツから「ハワイの沖縄県人の精神的指導者となれ」と激励されたという。[61]

ハワイに移った静観は、一九二四年九月、米大陸・キューバなどの訪問の途上、ロスアンジェルスに立ち寄る。静観は、屋部憲伝ら黎明会に参加していた沖縄出身者と交流を持つ。この年の七月、日本などからの米国への移民を制限する「排日移民法」が制定され、日系人社会に衝撃を与えていた。同法により、土地所有権を奪われ、肉親の呼び寄せも禁止されるなど、移民社会の現実を目の当たりにした静観は、改めて階級意識を強くし、差別撤廃や平等の追求などに関心を強くする。

その一方で、社会主義思想の傾向がある黎明会は、キリスト教に対して批判的であった。一九二五年一月、サンフランシスコで行われた賀川豊彦のキリスト教大講演会でも、黎明会のメンバーは賀川批判を展開した。そのような厳しい視線は静観にも向けられ、静観はキリスト教をとるか、マルクス主義をとるかの厳しい選択を迫られることもあった。

一九二五年一月三〇日、静観はハワイに帰着するが、社会主義とキリスト教について、米国西海岸での強烈な体験が、彼の新しい宗教的覚醒を呼び起こすことになった。ハワイという新天地で静観の伝道活動と生活は、メソジストという既成教団の支援で保障されていた。しかし、「排日移民法」前後の米国西海岸での体験により、静観は米国の宣教団体から支援を受けている既成教会との決別を決意する。

そして、彼は、資本主義の矛盾と労働者を巡る諸問題、特に、移民たちが経験した抑圧と差別、貧困を目の当たりにし、その体験から「黎明教会の誕生について—生きんとする意志に捧ぐ—」という一文を『実業之布哇』（一九二五年二月一日号）に発表する。[62] まさに、これは「宗教のプロレタリア化」宣言であった。

静観が新たに設立した「独立黎明教会」の名称は、静観が伊波普猷などとともに創設した「独立教会沖縄組合教会」とロスの「黎明会」を想起させる。静観は、「人間のための民衆のため」の教会を目指して、土木建設の請負事業や共済組合事業、職業紹介、物産委託販売、洗濯業、協同組合事業などを同時に展開することを考えていた。これらは、賀川豊彦が日本で展開した活動を彷彿とさせる。

また、二五年六月以降、静観はハワイ各島を巡回講演するが、その姿は伊波普猷の活動と似ており、「民衆覚醒運動」（比屋根照夫）ともいえるものであった。そして、一〇月にはホノルル市街の貧困地帯であるパラマに教会を移し、計画した社会事業を実行に移した。

屋部憲伝はキリスト教から離れるように、信仰を思想へ、思想を行動へと実践的に深めながら、社会の〝底辺〟へのまなざしを向け続けた。一方、比嘉静観はそこから離れず、牧師であり続けながら、労働争議があれば、労働者代表として資本家や時には日本の総領事とも対決を辞さなかった。

この二人の「越境的キリスト者」は、キリスト教信仰から出発したが、その後の道は別れていった。しかし、異国の生きる同胞の苦闘に直面し、その問題解決のためにお互いに強く影響をおよぼし合っていた。そして、彼らの志は社会の〝底辺〟へ向かって収斂していった。

第3章　南島キリスト教の広がりと越境

第1節　人を育む伝道と南島キリスト教の可能性──大保富哉と徳之島・亀津教会を中心に

しばらく沖縄島の那覇・首里を中心とする記述が続いたが、ここからは南島キリスト教の史的構造において「半周縁」に位置づけられる奄美群島・徳之島について述べる。

徳之島は、奄美群島内では面積と人口ともに大島に次ぐ規模である。現在、島内には徳之島町、天城町《あまぎちょう》、伊仙町《いせんちょう》の三つの自治体があり、人口は約二五、〇〇〇人である。『キリスト教年鑑』によると、この島には一三の教会があるが、多くは、カトリックの巡回教会で、プロテスタント教会は二つのイエス之御霊教会と、一つの日本基督教団の伝道所がある。

徳之島の伝道は、沖縄島での初期の伝道が一段落した一九一〇年前後にメソジストにより開始された。そして、数年間で多くの信者を獲得し、亀津村《かめつ》（現徳之島町内）に教会堂や牧師館が建設された。しかし、一〇年代の半ば以降は低迷し、三〇年代の後半にはほぼ活動を停止したようである。

このように、徳之島は、南島の他の地域に比べて、戦前は充分に伝道が行われたとはいえない。しかし、徳之島は、戦前から、伝道者や神学者などキリスト教界の各分野で活躍する人びとを輩出している。ちなみに『徳之島先駆者の記録』(63)で取り上げられている近代以降徳之島を代表する人物一〇三名のうち、八名は以下の通りキリスト教徒である。

メソジスト首里教会初代牧師・大保《おおぼ》富哉や、プリンストン大学神学部を卒業し、日本国内で伝道活動を行った徳《とく》憲義、生駒聖書学院長・日本ペンテコステ宣教会牧師の榮《さかえ》義之、それに、カトリック神学者の吉満《よしみつ》義彦らがそれである。また、「クリスチャン弁護士一号」である安田成雄(吉満の義弟)、「徳之島教会史の発行提唱」の永井円信、「内村鑑三に心服の開業医」の武原嘉豊、「軍部の圧迫に不屈の牧師」である小沼(松本)大平も挙げられている。

大保富哉

このように、南島キリスト教史の中で、徳之島は伝道者・神学者・信徒を育んできた。これは序章で述べた南島キリスト教史の歴史的構造の中で、徳之島と同じ「半周縁」地域に当たる宮古島と共通している。

そして、このように出郷者が多く、島外に活躍の場を求める傾向は、徳之島の精神的風土に起因すると思われる。

近代以降、徳之島が「日本一」と自称するものはいくつかあるが、そのうち二つを挙げるとすると、出生率（「合計特殊出生率」）と「日本一の学士村」であろう。現在、全国市町村の出生率ランキングでは、徳之島の三町すべてがベストテンにはいっている。また、旧亀津村は、戦前期、人口当たりの旧帝大出身の学士の数が「日本一」であったという。

このような徳之島の精神的風土を表すことばが、「亀津断髪《だんぱち》」と「ヤンキチシキバン」である。「亀津断髪」は、維新以降、亀津の人士がいち早く断髪をしたことに由来するが、徳之島、特に亀津の人びとの進取の気性を表している。また、「ヤンキチシキバン」の「ヤンキチ」は家屋の梁のことを指し、「シキバン」は「挽き飯」に由来し、粥のことを指す。子だくさんの徳之島で、親たちは「学問ど、学問ど」といいながら、家の梁が写ってしまうほど薄い粥をすすってでも、子どもに学問を身につけさせるために倹約し、懸命に働いたという。また、子どもを那覇や本土に学校に行かせるために、田畑を売って学費を工面することも少なくなかった。

当時、目だった産業もなく、食糧資源にも乏しい徳之島がおかれた教育環境や経済状況は、南島の多くの島と同様に厳しいものがあった。それゆえに、親たちは子どもの大成を願い、一〇代の頃から島外に送り出し、子どもたちも出郷先でそれぞれのその後の人生を送るようになった。

その一方で、徳之島の人びとの気質は、一般的に、他の南島の島々に比べて激しい傾向があると言われている。そして、そのような気質ゆえに、徳之島で盛んな闘牛での「賭け」はしばしば問題視され、近年では選挙まで賭けの対象となった。住民の賭博行為などによる経済的破綻や飲酒の問題は、徳之島での宣教上の課題として見落とすことはできない。

戦前の徳之島のキリスト教史に関する史料については、他と同様に制約が多い。ことに、新聞記事は、沖縄島や大島に比べると極端に少ない。また、教派側の史料も乏しい。そこで、本稿では、『徳之島亀津教会史資料』（日本キリスト教団徳之島伝道所、一九七二年、再刊八五年、以下、『亀津教会史』）に依りながら記述を始める。

徳之島に初めて宣教したのは、大保富哉であった。大保は、一八六五年二月、徳之島・亀津の素封家の家に生まれたが、二〇歳前後から酒に溺れ、家産を使い果たし、放蕩の果てに出郷する。『亀津教会史』（二八頁）の「履歴書（略歴）」によると、その後、鹿児島や埼玉県の川越で官吏をしていたが、九一年頃、渡米したと見られる。

大保の息子・義忠の「大保富哉入信記」（『亀津教会史』二四―二八頁）によると、渡米後、サンフランシスコに落ちついたが、相変わらず酒場に入り浸っていたようである。ところが、ある日の街頭で救世軍伝道隊の路傍伝道に遭遇する。そのことがきっかけで、礼拝に出席するようになった。これが、彼にとっての回心の体験となった。

その後、一八九六年、三一歳の時に帰国するが、徳之島には帰らず、沖縄県庁の臨時職員になる。当時、奄美群島からは、職を求めて沖縄に渡り、県庁や税務署、郵便局、裁判所などで働く人も多かった。徳義憲も、父親（裁判所書記）の転任にともない渡沖し、沖縄県中学校（後の県立一中）に入学した。大保は、彼を頼って大保家に寄宿していた常時数人の同郷の若者の生活の面倒も見ていた。

大保は、那覇ではメソジスト教会に通っていたが、一九〇三年、召命を受けて伝道者を志し、県庁を依願退職した。そして、村井競牧師のもとで那覇教会副牧師となった。大保は、読谷山伝道などを通して、リバイバルを体験し、比嘉保彦や佐久原好伝などと出会い、協働して伝道に当たった。

そして、一九〇七年、大保は、首里の当蔵町《とうのくら》識名殿内《しきなどんち》で開拓伝道を始め、翌年、当局の許可を得てメソジストの首里教会が設立され、初代牧師となった。首里教会では教会設立前から基督教青年会の活動が盛んで、大保は一九一二年までの在任期間の間に後に各界で活躍をする多くの若者を育てた。

その大保が、いよいよ、徳之島伝道に赴くことになる。そのきっかけは、シュワルツ宣教師の手記によると、一九〇九年、沖縄島北部・名護で開催される教区会議に向かう船上で、シュワルツが台湾で教師をしている徳之島出身者から同島伝道を要請されたことにあるという。(64)

シュワルツは、さっそく米国の後援者から特別献金を調達し、徳之島伝道の適任者として大保富哉を抜擢した。そして、同年初夏、大保は、実に二三年ぶりに帰郷する。それ以前、カトリックや天理教が同島で布教活動を行ったが、いずれも失敗したという。ところが、放蕩の限りを尽くして出郷した大保富哉が更正し、キリスト教の伝道者になって故郷に錦を飾ったので、彼の説教は説得力を持って人びとの心を動かした。大保は、当初二週間の予定を六週間に延ばし、精力的に伝道活動を行った。そして、二七名に洗礼を授けた。

その二か月後、今度は、シュワルツと朝鮮で伝道をしていた木原外七を加えて、大保は徳之島を再訪する。このときの様子をシュワルツは『日本メソヂスト教会西部年会記録』（一九一〇年）で以下のように述べている。

余〔シュワルツ〕等は予想以上の歓迎を受けて極て盛大なる集会を催ふせり。（中略）大保兄は猶ほ二週間滞在せり其結果説教し或は教へつゝ洗礼を施して全受洗者百二十人に及べり。此人々の内には徳島〔徳之島〕にて最も有名の人あり教育あり勢力の人あり。彼等は余に定期伝道の開始を希望し会堂建設の為良好なる敷地を寄付せんと申込たり。（〔　〕と句点は引用者による）

このとき、大保たちは、教会建設を見越して新しい信徒たち指導し、信徒たちによる伝道のための自律的組織もつくった。大保たちが引き揚げた後、規則正しく集会を維持した徳之島の新しい信徒たちは、一九一〇年四月、紀秀照《きひでてる》伝道師を迎えた。紀もまた徳之島出身で、那覇教会青年会の幹部であったとき、召命を受け、野原玄三とともに那覇税務署を辞職し伝道師となった。そして、沖縄に派遣されていた婦人伝道師の堀歌子（福岡生まれ。活水女学校卒）と結婚し、名護地区で農村伝道をしていた。

紀秀照

紀伝道師の赴任後、亀津教会（講義所）は順調に発展し、一九一二年には、亀津の高台にオースチン記念教会堂と牧師館を建設した。この地は、もともと禅宗の安住寺があったが、明治初年の廃仏毀釈で廃寺となり、その後、亀津村有志が私財を投じて子弟教育のため施設をつくった場所であった。つまり、そこは「亀津断髪」を象徴する土地であったが、村民たちはその地を教会のために寄付し、会堂建築にも協力した。しかし、メソジストの年会報告によると、一〇年代半ばには早くも教会活動は低迷していた様子がうかがえる。特に、一四年からは、集会のほとんどが女性しか参加しないものになっていたようである。(65)

一九一七年、紀伝道師夫妻が離任し、無牧となった。その時代を支えたのは、旧満洲から来島し、大島紬の工場を経営していた小林隆雄であった。一八年には松本（小沼）大平伝道師[66]が着任するが、教勢の挽回はならなかった。その後、二七年に台風で会堂が倒壊し、教会は岡前《おかぜん》に移転する。そして、三一年にはメソジストが徳之島伝道から撤退してしまう[67]。

徳之島伝道の低迷の要因はいくつか考えられる。大島や沖縄島と同様に、徳之島でも地域の有力者が近代化促進のために教会の建設を支援し、教会は貧困層に対して文字を教えるなどさまざまな働きかけを行ってきた。しかし、教会が育てた人材、特に、青年男子たちのほとんどは、ほどなく出郷し、大半は帰郷することはなく、教会に定着はしなかった。徳之島を人材の〝供給地〟と表現したのは、その謂である。

さて、大保は一九一二年に沖縄を離れ、ハワイ・カウワイ島に家族とともに渡る。二二年に帰国した後は、大阪市大正区の鶴町（出郷沖縄人たちの集住地区）や神戸市、明石市などで伝道活動を行った。

それらの地域は、大保が伝道した一九二〇年代頃から沖縄や奄美から出稼ぎに来た人びとの集住地区が形成されつつあった。このように、大保や徳、そして紀など徳之島出身の伝道者の足跡を追っていくと、日本本土、特に、関西地区の出郷者のコミュニティで南島出身キリスト者のネットワークが形成されていくが、詳細は今後の課題としたい。

第2節　引き継がれる祈り——ハンセン病療養所と宮古島のキリスト教

全般的に活発な伝道が行われていた南島の中で、宮古島[68]では戦前期を通して具体的な教会形成が行われなかったと考えられている。また、宮古島をとりまく伝道のあり方を見ていくと、沖縄島を一つの中心とする南島キリスト教史の失敗構造の中で、前回述べた「半周縁」的位置にある徳之島と共通する点が多い。

初めに、宮古島のキリスト教の現況を簡単に述べておく。『キリスト教年鑑』によると、宮古島には、現在、カトリックと、プロテスタントの四教派、単立教会を含めて一〇の教会がある。また、統計上は九〇〇名余り（人口の約二%）の信徒がいるとされている。[69]

宮古島では、戦後、國仲寛一牧師と田崎邦男らによって初めて教会が建てられた。國仲は伊良部島の出身で、戦前、東京で英語教師をしており、おそらく早稲田大学在学中に「キリストの教会」系の教会で受洗したと見られる。また、田崎は、宮古島の平良《ひらら》・西里《にしざと》の出身で、現在は沖縄島で医療グループの理事長などを務めている。彼は、戦前、満洲医科大学在学中に日本基督教団奉天教会で受洗した。そして、戦後、偶然、引き揚げ船の中で國仲と出会って意気投合し、帰郷後に國仲を支え、宮古島における戦後伝道の基礎をつくった。そして、この二人のもとには、多くの青年たちが集まった。その中には、当時、新制高校の学生であった平良《たいら》修（現日本キリスト教団沖縄教区牧師）や石田順朗《よしろう》（日本福音ルーテル教会牧師）などがいた。

このように、宮古島から出郷したクリスチャンが活躍するようになるのは戦後のことであるが、ここでは、そのような宮古島でのキリスト教伝道の淵源を戦前の歴史に求めたい。

宮古群島の人びとは、住民同士の団結心が格段に強い。加えて、宮古人は「剽悍の気質」を備えている。「アララガマ」と「ワイドー」ということばは、(70)それを端的に言い表している。この宮古人気質について、仲宗根將二は次のように言っている。「宮古の民衆が、厳しい自然風土と苛斂誅求の圧制の中で、どうにもならないほどの窮地に追いこまれたとき、自らを鼓舞し、お互いを励まし合ってきた」(71)と。

また、戦後の混乱期、宮古の人びとは積極的に「国境」を越え、「密貿易」にたずさわった者もいた。宮古人がそれにより手にいれたものの中には教育の「六・三・三制」もあった。そのため、宮古島では、日本で実施された一年後に早くも「六・三・三制」の教育が実行された。このように歴史的に「孤島苦」を経験した宮古は非常に教育熱心な地域でもあった。

これは、同時に宮古人の中に、上昇志向と中央（那覇・首里）志向を生んだ。このため、宮古から「那覇、浦添等の都市を中心に五万余、八重山に一万二千余」(72)の人びとが活躍の基盤を求めて、宮古を出郷している。そして、これらの向上心や「中央」志向、激しい気性などの点でも徳之島と共通している。

ところで、戦前、宮古島では教会形成が行われなかったと述べたが、伝道の契機が全くなかったわけではない。宮古島での最初のキリスト者の記録は、以下の通りである。山内朝隆（戦後、バプテストの伝道師）によると、一九〇六年、平良尋常高等小学校に訓導として赴任した女性教師・平田操は、京都で新島襄に感化を受けたクリスチャンで、教え子たちに宗教的な影響を与えたという。(73)

また、一九二〇年、當山正堅が弱冠三四歳で視学として宮古島に赴任する。在任中の當山は、「ソテツ地獄」の最中の宮古で、貧困家庭の子弟に学資を個人的に援助し教員養成に努めるなど目覚ましい成果を残した。戦後、沖縄のキリスト教界の指導者となる當山は、いくつかの史料から二四年頃受洗したのではないかと推定される。また、當山の姻戚である川平朝清は、當山の三男と長女が先に入信し、當山を導いたとしている。(74)つまり、當山は宮古赴任の前に既に旧日基の那覇教会で求道中であったといえる。こうした事情を考慮すると、クリスチャンであり、エリート教育官吏でもある當山正堅を介して、宮古にキリスト教が伝わるという可能性は充分に考えられる。しかし、理由は定かではないが、當山が在任中にそうした働きかけを行った形跡はいまのところ見つかっていない。したがって、これらの機会が教会形成に生かされることはなかった。

また、このような個人的な伝道の契機のほかに、本土の各教派も、以下の通り宮古の組織的伝道を試みている。まず、一九一四年の『日本メソヂスト教会第七回西部年会記録』で、南島宣教部の部長・値賀《ちが》虎之助は宮古や八重山を訪問し、「両地方とも嶋司[75]を始め、村長其他の有力者等大に基教伝道の開始されんことを希望せり」と述べている。宮古島でも、他の南島各地と同様、行政関係者や有力者がキリスト教の伝道を望んでいたことがうかがえる。しかし、メソジストは、石垣島では具体的に教会を形成しようとした形跡があるのに対して、宮古島では現在のところ、そのような動きは確認できていない。一方、旧日基では、戦時中の一九四一年に宮古伝道が協議されている。その中で、野町良夫は、宮古伝道について、定住者を得れば相当有望であると述べている。[76]しかし、結局その後、教会建設について具体的な動きはなかった。

このように、沖縄島・那覇に南島伝道の拠点を置いた各教派は、なぜ、距離的に近い宮古島ではなく、石垣島に教会を建てたのだろうか。その理由は定かではないが、奄美群島でも南島伝道圏の半周縁である徳之島よりも、周縁に位置する喜界島伝道に力が注がれた感がある。

ところが、戦前の宮古島では、教会とは別のところへ福音が届けられ、根づいていく。宮古島の北部に位置する宮古島市平良字島尻にはハンセン病の国立療養所の「宮古南静園」(以下、「南静園」)がある。この施設は一九三一年に沖縄県立宮古保養所として設立され、後に国立に移管された。また、米軍占領下では軍政府の管轄から琉球政府立の施設となった。この施設が「南静園」と呼称されるのは一九四一年からであるが、ここでは、便宜上、時代を通して「南静園」と記述する。

この南静園について、一九三四年の『日本メソヂスト教会第貳拾七回西部年会記録』には次のような記述がある。「那覇教会の家坂博士は八重山島の国立癩病院の拡張を委任される様になり新たな活動領域を与へられた」。まず、この記述の「八重山島」は「宮古島」の間違いである（「八重山島」という島は沖縄には存在しない）。また、「家坂博士」とは一九三三年から三八年まで南静園で所長を務めた家坂孝三郎(77)のことである。

家坂が着任して二年後の一九三五年三月、聖公会司祭で熊本回春病院の乙部勘次が南静園を訪問し、約二週間滞在した。そして、乙部司祭は早天祈祷会や洗礼式、聖餐式を行い、七名の受洗者を得た。(78)これを契機に、家坂などを中心に南静園内で「甦生会《よみがえりのかい》」という集団が生まれ、毎週日・水・金曜日に伝道集会と聖書講義が定期的に行われるようになった。(79)

そして、一九三八年以降は、沖縄島在住の北村健司（メソジスト）や服部団次郎（旧日基）などの牧師が応援に駆けつけ、洗礼式を執行した。その結果、家坂の離任後、一九三九年頃には会員が一〇〇名を超えたといわれる。こうした超教派の伝道を継続できたのは、一九三五年五月結成の「沖縄救癩協会（沖縄ＭＴＬ）」の活動が背景にあったからである。

また、家坂は、一九三五年に「宮古療養所の平和郷建設の基礎はキリスト教の福音を普及することにある」という信条に基づき寺子屋式の学校である「八重菱学園」を創設した。(80)

このような家坂の信念と超教派的なキリスト教精神に基づいた療養所の運営は、彼が離任した一九三八年六月以降、新しい所長が就任してから次第に変化していった。それから終戦までの時期の南静園は、所内で「地獄谷」と呼ばれるほど徹底した管理と迫害や暴力が横行する施設へと変貌したという。[81] このような状況下でも「甦生会」はひるまなかったというが、宮古への空襲の激化と戦後の混乱により、同会は事実上解散状態となった。[82]

戦後、その南静園の伝道を復活させたのが、國仲寛一であった。もともと、病弱であった國仲牧師は、宮古での教会建設とともに、南静園での救霊にその命を捧げた。

宮古島で求められた救いは、戦前においては、この南静園の中にあった。そして、そこでの祈りは、次第に広がりを見せており、戦時中の中断（潜伏？）はあったが、戦後へと引き継がれ、園外にも広がっていった。そのような密やかで途絶えなかった祈りの歴史も、そこで行われた弾圧の記憶も公正に評価し、記述しなければならないと考える。

第3節　喜界島伝道におけるホーリネスの伝道者・兼山常益の軌跡と「周縁的伝道知」

これまで、南島伝道圏における「中心」であった大島と沖縄島、そして、「半周縁」の徳之島・宮古島について述べてきた。ここからは、南島伝道圏における「周縁」のキリスト教史と特徴について論じる。そのために、まず、「周縁」地域の歴史を論じる意義について述べておきたい。

喜界島と石垣島は、南島伝道圏における「周縁」地域に当たる。ところで、そもそも、南島のキリスト教伝道圏は日本のキリスト教伝道圏の「周縁」なのであろうか。また、日本の伝道圏は、欧米の伝道圏の極東における「周縁」と見られてきた。そうすると、「周縁」は、単に「中央」から遅れており、「中央」により教化されるだけではないだろう。これまで欧米伝道圏の周縁であった日本でも、伝道者やキリスト教史家は日本としての独自性を求めてきた。こうして南島伝道圏の「周縁性」を考えることは、南島伝道圏の日本伝道圏からの自律性を検証し、そこから独自性を導き出すことにつながってくる。これが第一の意義である。

また、南島宣教草創期の伝道者のうち、その前後に帝国日本の植民地での伝道体験があった者は少なくない。台湾伝道の伊江朝貞や朝鮮伝道の木原外七などがそれである。かつて琉球であった南島地域は近代日本形成期に内国植民地としてその支配体制に併合された。また、海外の植民地は帝国日本の「周縁」である。その意味で、彼らは、まさに「周縁」を巡る伝道者であり、それが南島キリスト教史の特徴の一つである。このように「周縁」をとりまく政治や経済、文化の交流と相剋をともなって、人は互いの「周縁」を越境し、行き来していた。まさに、「一つの『周縁』は、他の『周縁』に最も近い」のである。教会や信徒・伝道者もまたそのような帝国外縁部を往還する過程で、周縁的経験を積み、現地の人びとが持っていた苦難を受けとめる知恵を蓄積していった。そして、そのような「知」が南島伝道に生かされたと考えることはできないか。

これが第二の意義である。

そして、そのような周縁での伝道体験に基づく教会形成が活発にくり返されるという信仰的越境の試みが顕著に表れているのが、喜界島と石垣島であった。

喜界島は奄美大島の東方洋上三〇キロメートルにあり、現在の人口は約七、七〇〇名である。また、島の周囲は約二七キロメートルで、全島が喜界町一町となっており、島の中心は空港のある「湾《わん》」という集落である。この喜界島は、古代には「鬼界」島とも表記され、大和朝廷による支配の南限で、大島を含めたこの島以南には「化外の民」が住んでいるとされた。また、近年、島内陸部の城久《ぐすく》地区における発掘で、喜界島が日本・中国大陸・台湾・朝鮮半島を結ぶ交易路の要衝にあったことが明らかになっている。この島が日本文化の境界線上にあったことは、以下のことからも分かる。喜界島には四七の神社と四つの仏閣があり、南島の他の島々の宗教事情とは一線を画している。

また、キリスト教会は、島内には四つある。カトリック教会は、大島布教直後の一八九六年に初めて神父が上陸し、その後、数回にわたって布教が試みられるが、結局、定着することができなかった。現在は巡回教会（湾）が一つある。プロテスタントは、伝道開始順に、日本ホーリネス教団（花良治《けらじ》）、日本基督教団（大朝戸《おおあさと》から湾に移転）、イエス之御霊教会教団（池治《いけじ》）の三つの教会がある。このうち、ホーリネスは一九一一年に開拓伝道を開始し、教団はもともと旧日基

兼山常益

教会で、一九一五年に信徒によって伝道が始められた。そして、この二つの教会設立の経緯には、朝鮮半島と台湾という帝国日本の植民地で信仰や伝道を体験した人物が関わっていた。

この節では、ホーリネス教会の形成を取り上げて、南島キリスト教の周縁部がどのように他の周縁に開けていったかを論じていきたい。喜界島に初めてプロテスタントとして伝道したのは同島花良治出身の兼山常益《かねやまつねます》であった。筆者は二〇一二年春の調査の際に日本ホーリネス教団喜界キリスト教会の羽佐田弘・羽佐田紀子牧師御夫妻の御厚意で兼山自筆の履歴書「我が家庭　兼山家」（一九四六年頃執筆）と同教会『創立一〇〇周年記念誌　ホーラサー―喜び―』（二〇〇九年）を拝見することができた。以後の記述はそれらによる。

兼山は一八八〇年に生まれた。幼い頃から秀才で、一四歳で単身大島に渡り、名瀬小学校に入学する。一五歳で父を亡くすが、一八歳になると上級学校進学を目指して、鹿児島の「博約義塾」（現私立樟南高等学校）に進学する。しかし、父の死などにより、学費が続かず退学し、外洋船の船員や薬局の店員などを経験するが、どれも長続きしなかった。そのような体験から、兼山は深い「懊悩煩悶」の日々を過ごすうちに、「宗教的信仰心勃興」を感じた。父の死と貧困、挫折などを経験し、兼山は仏教に救いを求めたのだった。しかし、それでも充たされなかったある日、偶然見かけた「加治屋町の教会」（当時鹿児島美以教会、現日本基督教団鹿児島加治屋町教会）に立ち寄り、宣教師に教えを請うたという。そのときの感動を、兼山は「一転悲哀は楽観となり、諦観は希望となり、不安は大満足となる」と記している。

二〇歳になると知人を頼って沖縄に渡り、久米島で代用教員の職に就く。しかし、彼の上昇志向は尽きず、同島を去る。二二歳には、徴兵検査で不合格になり、鹿児島を経て、神戸に暮らすようになった。神戸では鐘淵紡績の職工となり、山下町（現神戸市長田区）のメソジスト教会に出席していた。

兼山は、さらなる成功を夢見て、東京に向かう。東京では麹町区（現千代田区）にあった喜界島出身の合宿所「東陽学舎」に身を寄せ、さまざまな肉体労働に従事した。また、夜は、正則英語学校（現私立正則学園高等学校）で学び、聖公会や旧日基教会の門を叩いたという。東京生活の転機となったのは、警視庁巡査試験に合格し、採用されたことである。そして、この頃から本郷中央会堂（メソジスト）に通い始め、一九〇二年、二三歳で平岩愃保《よしやす》から洗礼を受けた。この教会では、高木任太郎や、コーツ宣教師、木村清松、酒井勝軍などの人士から薫陶を受けた。

そして、兼山は、一九〇四年、「外務省巡査」の選抜に合格し、日露戦争の最中に朝鮮半島に渡る。初任地は馬山領事館で、キリスト者であった商船会社の会長（篠原某氏）や安倍正治という教員と出会う。そして、兼山は、自宅を開放し、彼らと協力し、旧日基の和田方行牧師を釜山から招聘して集会を開いた。

ところで、兼山は、その集まりで、朝鮮人とも「教友の交り」を結んだと述べている。また、勤務中の負傷で三か月の休職中に朝鮮語を修得し、復帰後は通訳として「加俸優遇」された。(83) この頃の兼山の言動には、現地の人びとに対する素朴な関心は感じられるが、全体的に植民者としての日本人たちの差別的な態度を問題視する視点は見られない。しかし、元来強い上昇志向を持っていた兼山だが、朝鮮に渡ってからそれに変化が見られるようになった。彼は、手記の中で、このときの心境を「天来の聖声を自感せし。以来キリストに向ふ愛に燃され」として、次第に伝道者として立つ決心を固めていたようである。

そして、兼山は、帰国後の一九〇五年、朝鮮時代の教友である安倍正治とともにバックストンらによる小田原修養会に参加し、有馬四郎助や好地由太郎が主催する聖会にも出席した。そこで、バックストンの説教を聴き、「聖霊のバプテスマを受け、主に愛せらるゝ者となる罪に克ち、世に勝ち、自由の心となりて、天の喜びに満されたれば、血肉を計る事をせず、直ちに主の命に従ひ」、奄美伝道の希望を会衆の前に明らかにした。こうして、これまでさまざまな教派を遍歴して来た兼山は、ついに、ホーリネスの信仰にたどり着いた。そして、一九〇八年、二七歳の時に、東洋宣教会聖書学院（柏木聖書学院）に入学し、後に青山学院に転学、一〇年に卒業した。

卒業後、兼山は、遠藤千浪牧師とともに大島の名瀬町伊津部《いっぷ》（現奄美市）に開拓師として赴任する。ところが、当時、大島ではカトリックがひろく布教していたので、二人は、他の伝道地を求めて、一週間をかけて大島を一周した。しかし、兼山は、大島の深い山岳地帯に阻まれ、爾後の伝道の不安を口にしている。そして、兼山は、一九一一年、中田重治の仲人で佐賀県人の百島増子と結婚し、喜界島にわたった（「第一次喜界伝道」）。花良治にあった兼山の自宅を開放した第一次伝道は、地域の反対を受けつつも、かなり成果を挙げたようである。伝道の成果としては、後に教会を支えることになるいくつかの家族が教会員となった、また、このときの教会学校の生徒であった柳岡忠人は、米国に留学し、後に伝道者となった。

しかし、兼山夫妻は、わずか一年で、「伝道地域収縮」という教団の方針転換から、喜界島から引き揚げざるを得なかった。そして、家族とともに再び朝鮮半島に渡る。朝鮮で出席することになった仁川メソジスト教会では、病身の牧師に代わって、兼山が牧会の責任を担った。そして、一年間で五〇名ほどの会衆が集まるようになったという。

一九一三年、兼山は、生後間もない長女・まつ子の「神癒」を体験する。これについて、兼山は次のように記している。「病児の苦痛を坐視するに忍びす、早く天に取りたまへと主の手に一切を托ねまつりし処、その夜より快癒。驚くべき奇蹟を拝し神を崇めた」。また、兼山の行為に懐疑的であった教会員たちも、「反す言葉なく神癒の信仰に敬服した」と彼は記している。

一九一六年、兼山夫妻は「喜界一周巡回伝道」のため、再び帰郷する。この頃には、次節で述べる磐井静治《いわいせいじ》らによる旧日基の伝道も始まっていた。ところが、聖書学院で学んでいた妹が重患となり、兼山は伝道を中断し、東京に向かう。兼山はこのできごとを「サタンは神の働きを阻止せんと」すると書いている。また、朝鮮半島での伝道経験の影響で、それ以降の手記には霊的なものを重視する記述が増えていく。

一九一五年からは、遠藤をたよって台湾の「新竹広南床日本キリスト教会」で伝道し、マラリアに罹患した自らの「神癒」も体験する。また、宜蘭県の先住民に伝道するために、巡査を志願した。[84] 彼は、そこで驚嘆したことについて、次のように述べている。「一驚を喫したる事は彼等の道徳である。霊偽りなく、離婚なく、窃盗なく、花柳病なく、賎業婦なく、罪悪なく、酋長の命此れ従ひ、信仰篤く天の神を祭る」ことなど、都会での生活者としての自らにとって学ぶことは多かった、と。そして、一七年、三八歳の時に、福岡市と九州一円を管轄するホーリネス開拓師として同市に派遣された。このとき、ホーリネスは「大正リバイバル」のただ中にあった。

兼山の場合、自らに貧困や挫折といった苦難の体験があり、いくつもの意味で社会的に周縁的な存在であった。そのことが強い上昇志向を生む。しかし、帝国日本の他の周縁地域にたどり着き、そこで呻吟する人びとの姿を見たとき、それが自らの体験と重なっていったのではなかったか。南島におけるキリスト教の祈りの深さは、こうした「周縁的伝道知」ともいえる被抑圧者としての苦難からの救済をのぞむ思考の蓄積から生じるのではなかろうか。

第4節　磐井静治の喜界島への帰還と旧日基伝道への献身

何度もいうように日本における近代化には光と影がある。そして、「民衆」の大半は、近代化の理不尽と矛盾を象徴する「影」の部分を負わされてきた。そのような「影」が最も色濃く表れているのが、帝国日本の周縁部分である南島、それに、植民地などの「外地」であった。そして、そこには、その「影」からの解放と救済を熱望することから、共通する信仰の型が生まれるのではないかというのが筆者の仮説である。ことに、南島から台湾に至る地域で見られる民衆的キリスト教受容の同質性に注目して、戦前期、南島地域に「民衆キリスト教の弧」が形成されていたと、筆者は考えている。前節で述べた「周縁的伝道知」は、その「民衆キリスト教の弧」を構成する核心の一つである。

ところで、兼山は、朝鮮半島や台湾で巡査になっている。実は、その他の南島人たちも、台湾・朝鮮半島、そして、満洲や南洋群島など帝国日本の周縁部・外縁部に渡り、その多くは教員や下級官吏などの職に就いていた。このような現象は、近代以降の「琉球・沖縄差別」の文脈で理解する必要がある。つまり、それらの地域で、南島人たちは、現地の人よりも一段高い地位を日本人たちから与えられて、現地の人と直接接触することの多い職に就いていた。南島人たちは支配者・管理者としての日本人の指示・監視のもとで仕事を行っているので、植民地統治政策の失敗やそれに対する現地の人たちの反発や抵抗を日本人に代わって直接受ける立場にいた。他方、植民地下の南島人たちは、その地の人びとと直接接触し、その生活の貧しさも、苦しさも、つぶさに見る立場にあった。こうして、植民地支配の理不尽や矛盾が、その地における南島人たちへと収斂する中で、さまざまな生活体験を重ねて、忍従と解放のための周縁的な〝知〟を蓄積していくことになった。

無論、植民地の南島人たちがすべて現地の人びとに対して融和的・同情的であったわけではない。しかし、こうして重ねられてきた経験と信仰が結びつくことで「周縁的伝道知」が培われていったとすれば、もともと南島人たちが近代化の過程でおかれた周縁的な体験（近代化の「影」）とを重ねあわせて、自らや他者の救済を熱望するような信仰的同質性が南島を含めた東アジアの帝国日本の勢力図全体に自然に形成されていくのではなかろうか。南島伝道圏のさらに周縁部に当たる喜界島で、信徒の身分で旧日基の伝道を開始した磐井静治も、そのような南島人のひとりと考えられる。

喜界島の旧日基の伝道については、喜界教会五十年誌刊行会による『喜界教会五十年の歩み付　磐井先生の思い出』（同教会、一九六六年、以下『五十年の歩み』）がある。また、奄美群島全体のカトリック・プロテスタントのキリスト教史を論じた唯一の研究者である木ノ脇悦郎も、この喜界島での伝道について述べている。こうして始まった、ホーリネスの伝道に次ぐ、喜界島伝道の〝第二の波〟は、磐井静治による一九一四年の教会学校開設と教会建設の働きかけであった。一八七六年、喜界島に生まれた磐井は、九三年、一七歳の時に「小学校授業生免許状」を受領し、翌年から一九一一年まで早町《そうまち》小学校で教員を務めた。彼は島のエリートであったが、家族の生活費と自分の子どもや兄弟たちの学費を得るために、相当苦労したようである。また、彼の同僚で、戦後喜界町の教育委員長も務めた永愛亮《ながいあいすけ》によると、磐井は教員時代から宗教に興味を持っていたようである。永は、鹿児島市の高等小学校で教員をしていたときに、知人に誘われて旧日基の教会をしばしば訪れ、聖書講話を聞いていた。そこで永が感じたキリスト教の感化力について磐井に語った。このことを通じて、磐井はキリスト教に大変興味を持ったので、永は持っていたキリスト教関係の書籍を磐井に譲ったという。

晩年の磐井静治

ところが、磐井は、一九一一年、三五歳の時、教員を辞めて、台湾に渡る。その動機について、『五十年の歩み』には、喜界島での教員生活について、「弁当代にも足りない薄給、このままでは生涯酬われる見込みのないもの」と感じており、「潔く教職を捨てて植民地に渡って、現状打開をはかろうという希望」を抱いたものであったとある。この点で、出郷時、兼山と同様、向上心や強い上昇志向とが見られた。

台湾に渡った磐井は、台湾総督府殖産局臨時土地調査課の職員になり、台湾各地を巡って仕事をしていた。しかし、台湾での生活も磐井の志を充たすものではなかったと見えて、今度は東洋拓殖の移民募集に応募して、ブラジルに渡ることを決意する。そして、その案内書を取り寄せたところ、そこには「移民はなるべく基督信者にして、洗礼を受けた人がよい」という意味のことが書いてあった。

そこで、磐井は住んでいたところの近くの日本基督台南教会の礼拝に出席することにした。そのとき、たまたま講壇に立っていた西健二牧師が、説教の中で、「人の生くるはパンのみに由るにあらず神の口より出づる凡ての言による」と述べた一言に衝撃を受け、「翻然と悟った」という。彼は、その場で、これまで常に現状に満足せず、「生活の糧を得ることのみに拘泥していた」ことを告白し、救いの道を求めて、一九一三年九月七日、西牧師から洗礼を受けた。受洗後は、それまでの生活を改め、禁酒禁煙を徹底して実行した。そして、一九一四年、三八歳の時、母親の看病のために喜界島に帰島する。

磐井が帰島したこの年には、既にホーリネスの伝道が始まっていたが、兼山常益は喜界島にはいなかった。しかし、一九一五年一一月、ホーリネスの車田秋次が来島した際に、磐井の長女で教師をしていた秀子が車田から受洗したという記録があることから、磐井も喜界島のホーリネス教会となんらかの関係を持っていたことが推察される。

そして、一五年一月二日、磐井は、自分の出身地である喜界島内陸部の大朝戸《おおあさと》で、教会学校を豊田実秀宅に開設した。その日に持たれた日曜礼拝には、磐井と豊田、それに、富田隈常が出席したと記録されている。

磐井は、教会学校開設の動機を、「島の青少年を、キリスト教信仰に導くことが、島を興す唯一の途である」と述べている。これは、木ノ脇悦郎も指摘している通り、大島の〝カトリック誘致〟の動機と共通している。『五十年の歩み』によると、磐井の自宅にはキリスト教関係だけでも五、六〇〇冊の書籍があり、それを伝道用に貸し出していた。その書籍群の中には、植村正久、内村鑑三、賀川豊彦、高倉徳太郎、山室軍平、海老名弾正などの著作が含まれ、キリスト教関係の月刊誌・新聞もそれぞれ五種類以上そろっていた。この他、哲学書などをいれると磐井家には数千冊の書籍があったという。磐井のこの試みは、喜界島の文化センターのような役割を果たしていた。国家の周縁地域の離島で、このような文化的な営為を継続的に行っていた磐井の旺盛な知識欲と情熱を見るとき、ただただ驚嘆するほかはない。

また、元教師の磐井は、教会学校とは別に、学校の課外に「内学校」という一種の学習塾を、娘の秀子とともに運営していた。そこでは、宗教に関係なく子どもたちを受け入れ、上級生が下級生の面倒を見たり、夜遅くまで磐井父子が勉強を見て、いろいろな話しをして聞かせたりしていた。そして、時には子どもたちを家に泊めることもあったと、当時そこに通っていた経験がある者は述懐している。

在台時代から教会建設以降に至る時期に、磐井は、長男、長女、孫、次女と、肉親を失う不幸に見舞われる。また、キリスト教に対する地域の厳しい目もあった。しかし、彼を核とする信徒と求道者たちのみによる信仰維持の営みは、一〇年以上におよんだ。

一九二八年一月、磐井は、日本基督教会台北教会より日本基督教会鹿児島教会（現日本基督教団鹿児島教会）に転籍する。この間の経緯は不明だが、この年の六月二六日、鹿児島教会の番匠鉄雄牧師が来島し、二九日まで滞在する。このとき、二六名の男女が番匠から受洗し、二七日には日本基督教会喜界講義所が開設される（翌年旧日基鎮西中会から承認）。

このときの受洗式は大朝戸の滝つぼで夜間に行われた。そのときの様子を番匠は以下のように記している。

> 滝つぼに円陣を描いて立つ方々に対しての洗礼はこちらが反って受洗するような感激を憶えたものだ。（中略）山間に響くホラ貝の音を合図にカンテラをとぼして道ならぬ道を下りて俗称「川」にある集会所による九時頃から集会。終って川に入り一浴、休むのは一二時近くであった。一生忘れられない感激であった。(85)

番匠は、この後も年に一回は必ず来島し、伝道集会と受洗式を行った。この最初の洗礼式から、一九三七年、軍官民一体となった弾圧で教会が閉鎖に追いこまれる九年間の間に、洗礼を受けた者は七八名にのぼっている。

当時、喜界島全体の人口は約二万人で、大朝戸は二〜三〇〇名程度の集落であった。先の受洗者がすべて大朝戸の住人とは限らないが、住民の三〇％前後が短期間に受洗したことになる。また、戦後、奄美群島の「本土復帰」後、一九五六年に日本基督教団の喜界伝道が再開され、福井二郎牧師が赴任するが、彼の在任期間七年半の間にも、新たに七〇名の受洗者を得ている。

喜界島での旧日基教会の活動は、九年間に過ぎなかった。しかし、この間、鎮西中会から川崎義敏牧師や藤田治芽《おさめ》牧師などが来島した。また、番匠は、喜界島だけではなく、沖縄島にもしばしば訪れていたようである。このように、旧日基鎮西中会の伝道者が、しばしば直接来島し、伝道集会を開催しているのは、次節に述べる石垣島での伝道方式と共通している。また、教会開設以前から、ホーリネスの伝道者が来島した際には、花良治《げらじ》のホーリネス教会の集会にも参加したようである。同教会との良好な関係は、弾圧期や戦後の米軍占領期にも続いていた。磐井静治は、米軍占領下の一九四九年三月二〇日に死去するが、告別式の司式者はホーリネス教会

番匠鉄雄

の兼山常益牧師であった。

現在、喜界島の中心街・湾に建っている日本基督教団喜界教会の教会堂は、一九六〇年、喜界教会の開拓伝道で生まれた喜界西伝道所があった場所である。現在でも、大朝戸には教会堂や磐井の住居と磐井の記念碑が建っている。戦前・戦中の教会弾圧については、改めて南島の軍事化とキリスト教伝道の関係として問い直すが、一九三〇年代後半には、ホーリネスと同様、旧日基の教会は活動を停止させられ、番匠などの来島も途絶える。

戦後、沖縄と同様に米軍占領下におかれた喜界島に、一九四七年一一月一三日、沖縄キリスト聯盟から派遣された仲里朝章と米軍チャプレン（従軍牧師）のエベレット・トムソンらが来島し、五日間滞在する。しかし、その後、沖縄からの継続的な伝道の働きかけはなく、五三年にはイエス之御霊教会が伝道を開始する。また、一九五〇年代に入って、奄美群島の「本土復帰」前後に日本基督教団による再伝道が企画される。そして、一九五六年には、先述の通り、福井二郎牧師が赴任し喜界教会が再開される。福井もまた、戦前・戦中に、熱河（旧満洲）など帝国日本の周縁的地域での伝道を経験した牧師であった。

第5節　八重山地域における二重の「周縁性」とキリスト教伝道――メソジスト教会における伊波南哲と岩崎卓爾

喜界島と八重山群島の二つの地域は、帝国日本と南島キリスト教史の中で二重の「周縁性」の軛を負った地域であった。一方で、八重山群島は南島の周縁地域だが、本土・東京からも、沖縄島・那覇からも遠すぎるので、「中央」の影響が必ずしもおよんでいないことがある。そのため、他の離島地域に比べると、その独自性は際立っている。それに加えて、台湾など他国の周縁地域とも歴史的に交流があり、石垣島には周辺の島々や宮古群島、台湾からの移住者も多く住んでいる。そのため、この地域は「八重山合衆国」とも呼ばれている。そして、その中心的な役割を果たした石垣島は、これまで、この周縁地域の「ミニ・センター」ともいえる位置を占めてきた。

その八重山群島には、現在、教会・伝道所が、石垣島に一四、与那国島に一つあり、バプテスト、セブンスデー・アドベンチスト、聖公会、日本基督教団、カトリック、イエス之御霊教会などが伝道している。そして、統計上、八重山群島の人口約五二、〇〇〇人中約二、〇〇〇名がクリスチャンで、この数字は人口の約三・八%に当たる。このように、この周縁的地域にキリスト教徒の比率が本土より高い要因は、南島のキリスト教宣教の足跡を、他の周縁的地域との交流と「周縁的伝道知」をキーワードにたどっていくと見えてくるだろう。八重山のキリスト教も、二重の「周縁性」ゆえに、救済と解放を求める独特の信仰が育まれてきたという仮説に対する確信がますます強くなってくる。

さて、この八重山地域では、序章で述べた通り、一六〇〇年代にはイエズス会の宣教師が石垣島に来島し、島の指導者に洗礼をほどこした歴史がある（「八重山キリシタン事件」）。その後、約三〇〇年の中断を経て、一九二〇年前後になって、本格的なキリスト教の伝道が再開された。その近代八重山伝道の端緒となったのがメソジスト教会であった。一九一三年、日本メソヂスト教会西部年会は、新たに沖縄・奄美伝道を統括する「南島宣教部」を設置した。この頃から『西部年会記録』には南島の教勢や各個教会について詳細な報告がなされるようになった。

一九一四年の南島宣教部長・値賀虎之助の報告によると、中央気象台附属石垣島測候所（現石垣島地方気象台）所長の岩崎卓爾の懇請により、値賀が宮古島と石垣島を訪問し、伝道集会を開催したという。そして、両群島の「島司」や村長ら有力者から伝道を要請されたという。この先島巡回の結果、一九二一年頃、石垣島に派遣されたのが沖縄島・首里出身の大田《おおた》朝宜《ちょうぎ》であった。そして、『西部年会記録』には、「那覇教区」の所管として「宮古出張所」「八重山出張所」の記載が登場する。

このキリスト教伝道とちょうど同時期に、石垣島では相次いで八重山の地域紙が創刊されている。[86] そして、各紙にキリスト教・教会関係の記事が散見される。そのうち、教会の活動の初出の記事は、「八重山メソジスト基督教会」による「基督教会の家庭集会」（『八重山新報』一九二二年七月一一日）であった。それによると、金曜日の夜、「登《と》野《の》城《しろ》」の「伊《い》波《ば》興英《こうえい》氏」宅で家庭集会が開催され、「男女約七十余名」が集まり、「自己の信仰を告白する男女五六名」が名乗り出たという。

　このメソジスト教会は、一九二三年のクリスマス祝会を公会堂で開催し、「日曜学校生徒其家族、来賓約一千名」[87]が集まったという（同紙、一九二四年一月一日）。ところが、これ以降、管見の限りでは、八重山・沖縄の地域紙に同教会の記事は見られなくなる。実際、主として日曜学校を中心に「信徒」によって集会が運営されていたようで、結局、教会形成には至らなかった。そして、一九二三年の西部年会で、「八重山《（ママ）》島に於る太田《（ママ）》朝宣氏の講義所は之れを全部日本伝道隊に託」する決定がなされた。[88]

　この間の経緯の詳細については不明だが、西部年会記録には、同時期に沖縄島各地に新たな多くの講義所・出張所が設けられたことが記録されている。したがって、南島宣教部でなんらかの方針転換があったことが考えられる。いずれにしろ、これ以降、八重山の地域紙には日本伝道隊関係者による集中伝道の記事が見られるようになる。そして、一九二〇年代後半から旧日基による組織的伝道と、一九三〇年代にかけて教会形成の働きが始まるが、これらに関しては次節で述べたい。

　ところで、メソジスト伝道が本格化したこの頃、『八重山新報』に一九二二年七月一日、一一日にわたって、「血年生」による「基督教信者と未信者との問答」という記事が掲載されている。この記事は、「未信者」と「信者」による対談形式になっている。当時、この地域に反キリスト教的な動きがなかったわけではないが、この「未信者」は、決して、キリスト教に敵対的、否定的な態度をとっているわけではない。そして、この対談の主たるテーマは、キリスト教の儀式など外見的、形式的なものではなく、良心や真理、自由と愛、平等主義、博愛主義、個人主義、そして、神と霊など、内面的、思想的なことがらであった。

また、「血年生」は、「基督の聖句に就いて」（同紙、九月一日）と題して、「女ヲ見テ色情ヲ起スモノハ已ニ姦淫シタルモノナリ」や「心ノ貧シキモノ幸イナリ／其人ハ天国ヲ得ベケレバナリ」などを取り上げている。これらは、この頃の八重山地域社会が抱えている性道徳や貧困の問題にキリスト教信仰の観点から新たな指針を与えるものであった。このような問題意識は、「風来岳人」による「宗教の生活化」（同紙九月二一日）の記事にも表れている。ここでは仏教も取り上げているが、「真の宗教は実生活より生きるべきものであることは時代の真理である」と述べて、実践的宗教を提唱している。

このほか、同紙一九二三年一月二一日、三月一日には松村介石の「キリストの愛」という文章が掲載されている。松村は「日本キリスト教界の四村」[89]と呼ばれていたが、この頃、次第にキリスト教を離れて、「道会」を組織していた。その松村は、八重山伝道とは直接関係があるとは思われないが、彼がこの記事で説いた愛国主義や、キリストの愛と赦しについての言説を受け入れる素地がこの地域には存在していたのではないか。

実は、松村は牧師としての初任地である日本組合教会高梁教会（現岡山県高梁市）で、激しいリバイバルと日本プロテスタント史上最大の迫害事件に遭遇している。これらのできごとは、一八八〇年代中頃には、日本のキリスト教が社会の周縁的存在にも広がっていたことを示していた。その体験者の愛と赦しの問いかけが、四〇年余りの時を経て南島の周縁地域に届いたということになる。

この他、石垣島出身で国語学者であった宮良當壮《みやらとうそう》も「八重山人の信仰生活」という文章を七回にわたって『八重山新報』に連載している（一九二三年四月一一日〜六月一一日）。こうして、メソジストの伝道による八重山の宗教思潮と言論界は活性化し、深まりを見せていた。

このメソジスト伝道は、石垣島の青年たちの活動にも大きなインパクトを与えた。先述の一九二二年七月の家庭集会を開いた「伊波興英」は、後に詩人として活躍する伊波南哲《なんてつ》である。南哲は、この集会の翌年、徴兵検査を受けるが、その際、地元名士にその才能を見込まれて、「籤外志願」をした。そして、彼は、八重山でただひとり選ばれて近衛兵となって東京へ向け出郷する。南哲もまた、上昇志向や出郷願望の強い「ディキヤー」（秀才）のひとりであった。

南哲は、出郷までの半生を、自伝的小説『故郷よさらば』（雄文社、一九七四年）にまとめて

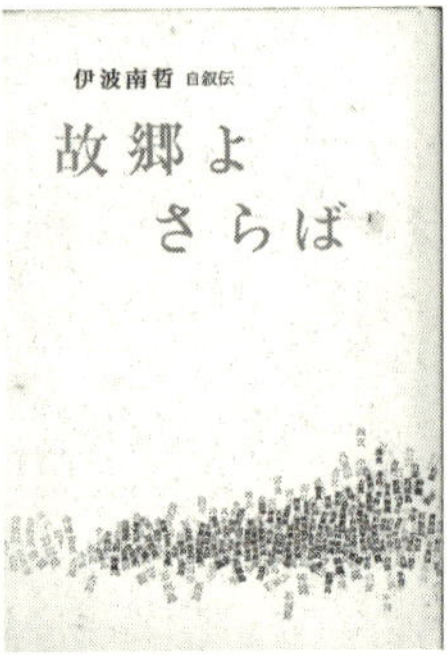

伊波南哲自叙伝『故郷よさらば』

伊波南哲

いる。そこには、後に述べる測候所の岩崎卓爾との関わり、キリスト教との出会い、当時のメソジスト教会の活動状況と青年たちの動向などが綴られている。それによると、南哲とキリスト教の出会いは、大田朝宜による路傍伝道であった。当時、大田や青年たちは盛んに路傍伝道を行っていたようで、南哲は「イエス、キリストを信ずるものは誰でもみんな救われ、祈ることによってあらゆる希望が叶えられる」という大田の説教を印象深く綴っている。

その頃、メソジストの「教会」は、字大川の崎原家（先島新報社の跡地）にあり、日曜の夜ごとに集会が開かれていた。そこには、寄留者の二代目で歯科医の柴田栄三や、沖縄島出身で八重山警察署の巡査部長である知念哲男、県立師範卒の元教師・宮良賢貞、八重山島庁勤務の浦崎純などがおり、代わる代わる講壇に立って聴衆を魅了していた。この中で、宮良はマルクス主義者による「社会科学研究会」のメンバーでもあったという。また、「教会」には若い男女が多数集っており、男女間にはしばしば恋愛沙汰が起こった。これは、伊波普猷による沖縄組合教会を想起させる。また、大田の説教に出てくる異国の地名などを想像し、若者は未知の世界への興味をかき立てられてもいた。

南哲は、近衛兵の後、警視庁の警官に転じるが、このような足跡は喜界島の兼山常益らと共通している。この警視庁勤務時代に佐藤惣之助に師事し、いくつかの詩集や戯曲を公にしている。南哲は終戦を福岡で迎えるが、その後、故郷・石垣島に帰った。それから五二年に単身で上京するまで、同地で教会に関わっていた記録はある。また、南哲は、先述の「八重山キリシタン事件」について、晩年に『殉教の焔―日本最初のキリスト教殉教者石垣永将物語―』(イエス福音教団出版部、一九七六年)を著している。

一方、『故郷よさらば』の前半では、同級生の岩崎南海子を通して、父である岩崎卓爾との交流が描かれている。岩崎卓爾は、仙台出身で、石垣島測候所の二代目所長である。この測候所は日本における台風観測の拠点で、南島地域では例外的に、本土から優れた技術者、つまり、一級の知識人が多数派遣されていた。これは、戦後の米軍占領下でも維持されてきた。岩崎もそのような知識人のひとりであったが、八重山地域の生物(特に蝶類)や民俗、歴史などの博物学的研究で大きな成果を後世に残した。また、測候所長を退任後も約四〇年にわたり石垣島に滞在し、島民に対してさまざまな貢献をし、「天文屋ぬ御主前」と呼ばれ、石垣島住民に敬愛された。

岩崎は、生涯キリスト教徒になることはなかったが、先述の通り、メソジストの先島伝道に重要な役割を果たした。また、メソジスト撤退後、旧日基の教会形成についても支援を惜しまなかったという。測候所は、石垣島にとって、近代化の拠点であった。それゆえ、キリスト教伝道と深いつながりを持ったが、次節に述べる八重山郵便局も、この地のキリスト教伝道の拠点となったのであった。

第6節　南島キリスト教の越境性と八重山地域における旧日基伝道による教会形成

一九二三年、メソジストは八重山伝道から撤退し、それ以降、日本伝道隊に伝道資源を移譲した。それから二六年頃まで、日本伝道隊による訪問伝道・伝道集会について、以下のように新聞紙上で報道されている。最初は、一九二三年一月、コールス女史（英国人宣教師・日本伝道隊神戸日本伝道館）が「太田牧師」をともなって来島し、伝道集会を行った。「太田」は、メソジストの大田朝宜の可能性がある。次に、同年六月、日本伝道隊の巡回牧師である堀内文一郎（「日本伝道巡回牧師」）が来島。最後は、二六年三月の青木幹太（神戸日本伝道館）である。

また、「八重山学の父」・喜舎場永珣《きしゃばえいじゅん》などが編集した『八重山歴史』（同編集委員会、一九五四年）には、日本基督教団（旧日基教会のことか）と日本伝道隊、ホーリネス教会の記述がある。それによると、日本伝道隊については、石垣島の大川で一九二一年から三四年まで伝道していたとある（メソジスト伝道との混同か）。また、ホーリネス教会は、一九三〇年から石垣村新川の石垣永芳が自宅で伝道を開始した。『先島朝日新聞』一九三二年二月二八日号には、「東洋宣教会日本ホーリネス教会福音大使」の大澤善助牧師が来島し、「八重山ホーリネス教会」（石垣永芳宅）で伝道集会を開催したとある。大澤は、同時に、旧日基教会でも「特別講演」をしている。このホーリネス教会も多くの信徒がいたといわれるが、五年後の三七年に廃止されたと記録されている。

では、これらの教会の信徒たちはどうなったのだろうか。ある者は、伊波南哲のように八重山を離れて本土に渡ったり、沖縄島や台湾に学ぶ場や仕事を求めて出郷した者もいた。これから紹介する旧日基八重山伝道所の後継である日本基督教団八重山中央教会の『燈台　日本キリスト教団八重山中央教会六十五年記念誌』（同教会、一九九二年、以下『燈台』）を見ると、撤退したメソジストの信者が、新しくできた旧日基の教会に参加していたことが分かる。伊波南哲とその妻である伊波繁も、戦後、この教会に連なった時期がある。

また、日本伝道隊のコールス（『燈台』では「コーラス」と表記）の伝道についても述べられている。それによると、コールスは日本語がとても上手で、彼女の路傍伝道にはいつもたくさんの人びとが集まっていたという。また、昼間の伝道では、説教後に二〇銭で聖書・讃美歌が販売されていた。[90] このように、メソジストや日本伝道隊時代の信徒の一部は、その後、旧日基の教会へと引き継がれていったことが分かる。では、その旧日基は、八重山にどのように伝道の足場を築いていったのであろうか。

旧日基教会の八重山伝道の発端は、一九二七年六月、日本基督那覇教会の多田武一が、古賀商店の八重山支店勤務という「名目」で石垣島に来島したことにあった。以前（第1章第4節）でも触れた古賀商店は、一八七九年二月、福岡県出身の寄留商人・古賀辰四郎が那覇で創業した商社である。この商社は、主に、夜光貝や羽毛の輸出、分蜜糖の試作、真珠養殖などを手がけていた。また、辰四郎を継いだ善次の時代には石垣島近海の尖閣諸島の開発事業も行っている。また、『沖縄キリスト教史料』によると、古賀善次夫妻は日本基督那覇教会の中核的な信徒で、那覇やその周辺の伝道にも力を尽くしたとある。

「寄留者」とは、先述の通り南島に活動の場を持った日本出身者のことをいう。当時、沖縄の地域社会では、この者たちが各界で大きな影響力を持っており、地域の政治・経済の実権を握っていた。また、寄留者による仏教の伝道や啓蒙活動が盛んであって、古賀たちのようにキリスト教信仰を持ち、その伝道に寄与したのは例外であった。

その古賀商店の八重山支店に勤務することになった多田は、『燈台』や『沖縄キリスト教史料』に、来沖の目的は述べていないものの、沖縄・八重山での日々を綴っている。多田は、同年三月初旬に那覇に着いて、まず、日本基督那覇教会の芹澤浩牧師の宅に落ちついた。そして、同

八重山日本基督教会創立記念

年六月、古賀商店に入社し、その三日後に八重山支店（一八八〇年開設）に勤務するために石垣島に到着した。この記述については、多田に実際の勤務実態があったのか、それとも、来沖当初から伝道を目的にしていたのかなどの疑問点がある。

これらの事情の解明は今後の課題だが、現時点で参照しうる史料を総合すると、多田は、八重山支店に常駐していたわけではなく、那覇と石垣をしばしば行き来していたようで、そのたびに八重山の信徒と交流（指導・助言）をしていたことが分かる。

多田の人物像については、戦後沖縄教界の指導者のひとりである比嘉盛仁《せいじん》が金井為一郎に宛てた書簡(91)にその一端が垣間見える。それによると、多田は、戦前は、旧日基那覇教会の長老であり、戦後は愛楽園（ハンセン病療養所）の事務長であった。また、多田は、比嘉盛仁の「受持の教保で、神学校行きの奨励者で物心両面の援助者」であった。「教保」とは、主として長老派などの教会で、洗礼を志願した者の教会生活について助言する役割をいう。比嘉は、一九三五年に東京の日本神学校に入学しており、旧日基の富士見町教会の教会員であった時期がある。また、比嘉の妻も植村正久から受洗している。そのことからすると、多田も同教会の教会員であったことが推察される。

多田は、那覇を発つときに、芹澤牧師から訪問すべき人物を紹介されていた。それで、多田は石垣島到着後すぐ、花木長平《はなきちょうへい》[92]、宮良用善《みやらようぜん》、石垣安益などを訪問した。つまり、芹澤牧師や旧日基那覇教会には、撤退したメソジストや日本伝道隊からは勿論のこと、八重山の信徒や求道者からも、かなり詳細な情報がもたらされていたということになる。この三人のうち、宮良用善は後に伝道者となり、一九四六年に八重山の教会の第三代牧師に就任する。その宮良の記述からは、八重山では初集会までに、既に宮良を含めて旧日基の信徒がいたことが分かる。[93]

それに加えて、旧日基の台湾伝道の影響を指摘しておきたい。宮良について、『燈台』では、「台湾で教会生活を続けて」[94]いたとある。また、一九三二年には、台湾で入信した八重山在住の信徒の要望で、正式に牧師が赴任することになっている。[95]台湾は、首里出身の伊江朝貞が屏東教会で牧師を務めるなど、南島の旧日基教会ともともとつながりがあった。

筆者は、以前、南島伝道の教派性について、メソジストは「完結型」で、旧日基は「貫流型」であると述べた。そこから考えると、八重山地域では、まず、メソジストの南島宣教部による

新垣信一

「完結型」の伝道が行われ、信仰やキリスト教思想が、この地域に深く広く浸透していた。そして、その後、日本伝道隊やホーリネスといった福音主義の色彩の濃い伝道が行われている。そして、旧日基による「貫流型」の伝道が行われることによって、そのたびに八重山の伝道が活性化していったことが、この地域の伝道の特徴である。

　さて、先述の三名の信徒と多田との協議の結果、同年七月三日に花木長平宅で旧日基による初めての伝道集会が開かれた。現在の八重山中央教会は、この日を教会創立の起点としている。その後、三〇年七月三日、旧日基の承認を受けて八重山伝道所となり、鎮西中会に属した。その開所式では、後に第二代の牧師になる新垣信一牧師（日本基督首里教会）が司式を行った。そして、先述の通り、三二年一一月一二日、初代牧師として比嘉盛久《せいきゅう》（盛仁の父）が読谷教会から赴任してくる。比嘉牧師は四二年二月に離任し、その後、無牧となったが、同年一〇月に新垣牧師が着任する。

　一方、キリスト教を受容したのはどのような人びとだったのか。教会設立時の支柱となった花木、宮良、石垣の三名と、崎山秀子[96]は、いずれも、当時の八重山郵便局の職員であった。比嘉盛久「戦前の沖縄に於ける基督教の歴史」（『沖縄キリスト教史料』所収）には、比嘉在任中の八重山郵便局と教会との関係が人物描写を含めて詳しく述べられている。比嘉は、春田という郵便局長宅で、週に一度、家庭集会を開いていた。それだけではなく、春田局長の依頼で局員全体に「精神講話」などをしていた。

この春田という局長の人物像が鮮明になってくると、八重山伝道に果たした郵便局の位置づけがはっきりすると思うが、この郵便局や前に紹介した測候所は、八重山地域にとって近代化を象徴する施設であった。また、当時の郵便局は、本土や沖縄島、台湾などに出郷せずに島内に残った若者たちにとって、もっとも安定した職場であった。そのため、郵便局で働くことは一種のステータスでもあった。郵便局は、そのような人材が集まる、地域における「知」の拠点の一つであった。八重山では、その郵便局が、本土からきた一級の技術者・研究者が集まる測候所と並び、キリスト教伝道の拠点の一つとなった。

この他、「日本基督八重山伝道教会」を支援した人として、比嘉盛久は以下の人びとを挙げている。測候所の岩崎所長とクリスチャンの正木勉、宮良長詳《ちょうしょう》（医学士、戦後初の八重山支庁長）、岩崎の後任の平安名《へんな》盛忠《せいちゅう》所長、先述の喜舎場永珣などである。

さて、ここまで、旧日基の八重山伝道について、直接信仰を伝えた側とそれを受け取った側の一端を述べてきた。それにくわえて、このように、当時日本最西端の地域で教会が形成されていく過程では、旧日基の植村正久やその「弟子」たちが広く深く関わっている。そのような「植村人脈」ともいえる旧日基の信徒・伝道者のネットワークは、喜界島などの南島全体の伝道にも関与している。そして、それは、本土から南島を経由して台湾に至る「民衆キリスト教の弧」を貫流して形成された。こうした伝道圏を往還する人びとの流れについては、次章で、改めて詳述する。

第4章　南島発祥の「民衆キリスト教」の生成と定着

第1節　「植村人脈」による南島キリスト教への影響と旧日基那覇教会の形成

南島のキリスト教伝道の特徴は、二つのベクトルを持っていることである。「完結型」のメソジストは土着のベクトルを、「貫流型」の旧日基は交流による活性化のベクトルを、それぞれ持っていた。その二つのベクトルの相乗効果が南島のキリスト教に深みと広がりをもたらした。その旧日基の日本における指導者であった植村正久は、台湾や朝鮮半島といった旧植民地への伝道にも強い情熱を持っていた。植村の植民地伝道に関する考え方や姿勢については、批判されるべき点が多々ある。しかし、この植村の強い意志によって伝えられたものが、それぞれの地で、植村や教派としての旧日基の思惑を超えて、別の信仰に変容する可能性はあった。そして、このような植村の影響は、南島における旧日基伝道についてもいえることであった。

植村の強い情熱と意志によって始められ、彼の死後もその「弟子」たちによって引き継がれた南島伝道におけるひととひととの結びつき、ネットワークを、ここでは「植村人脈」と呼ぶことにする。そして、その南島キリスト教史における「植村人脈」は、以下の三つのクラスターに分けられる。

那覇日本基督教会員

一つ目に、これまでもしばしば言及してきた旧日基鎮西中会を中心とする九州から南島地域を貫流し、台湾に至る伝道者の流れである。その南島での拠点になったのが、植村の肝煎りで強化された旧日基那覇教会であった。二つ目は、旧日基の中心的教会である富士見町教会に集まった沖縄出身者の群れである。そして、そのような群れから育った沖縄人たちが、東京で立ちあげた南島出郷者によるキリスト教コミュニティが、その三つ目である。

一九三九年五月二〇日発行の富士見町教会の月報『路の光』第一九号に、以下のような記述がある。(97)

仲里〔朝章〕氏は十八年前故植村〔正久〕先生に教へられ導かれて受洗し、爾来諸兄姉の指導と奨励の下に今日に至りし事を感謝し、且植村先生の示唆に依り与へられたる郷里の伝道と教育との幻を以て待望したる願が届き帰郷することとなりたるは歓喜である。（〔　〕内は引用者による）

仲里朝章については、次節で詳しく述べるが、植村は、沖縄から出郷してきた青年に対して、やがては沖縄に帰って、伝道や教育に貢献するように励ましていたことが分かる。その植村の励ましの通り、仲里は太平洋戦争直前の沖縄に帰郷し、沖縄戦を経て、戦後、沖縄キリスト教界の代表的指導者となっていった。

このように沖縄に心をよせてきた植村正久は、一度だけ沖縄を訪れている。この時期、植村は、日本基督公会設立「五十年記念運動の使命を帯びて」、台湾や全国各地を伝道のために旅していた。沖縄での大衆伝道もその一環で、一九二三年の八月、盛夏の時期であった。植村は、当時、六五歳。その晩年期の沖縄訪問であった。(98) このとき、「那覇公会堂」での大衆伝道で、植村は「生命の曙」という演題で「実に美しい連続詩のような力強い大演説」を行ったという。また、比嘉盛久の妻・比嘉トミ（宜野湾高等小学校訓導）と胡屋侑子《ごやゆうこ》（女子師範学校四年生）などが植村から受洗した。こうして、「決心者も出て、那覇日基教会は益々賑やかになった」(99) という。

植村は、その前年に、感謝特使として米英の諸教会を訪れていたが、この五十年記念運動と欧米への使節としての活動を、植村は「一生の仕事」、つまり、自分の伝道人生の総決算と考えていた。このように、沖縄訪問は、まさに、彼の悲願の一つであり、命を賭しての行動であった。ここに、植村正久の沖縄伝道にかける覚悟が見える。

ところで、旧日基の那覇伝道自体は、一九一二年、伊波普猷が自宅に日本基督那覇講義所の看板を掲げたことに始まる。(100) これは、伊波と県立中学の同窓生であった伊江朝貞の働きかけが大きかったといわれている。伊江は、旧琉球王国の王族の出身で、自らの病をきっかけに医師を志して、一八九九年に沖縄県立病院の付属校を卒業し、医師の国家試験を目指して上京した。その折りに、伊江は、偶然、旧日基の一番町教会（後の富士見町教会）で植村正久の説教を聞いた。この植村の説教をきっかけに、伊江は、植村から洗礼を受け、東京神学社に入学した。

このように、伊江朝貞もまた、南島キリスト教伝道における「植村人脈」を形成するひとりであった。その伊江は、一九一〇年、東京神学社卒業後、旧日基の正教師となり台湾伝道に従事する。その後、伊波普猷が那覇で伝道を始めた一九一二年に、伊江も帰郷し、首里・当蔵《とうのくら》の宜野湾御殿《うどぅん》を借りて首里伝道を始めている。そして、伊江は牧師在任中に医師国家試験に合格し、旧日基首里教会の隣に「南洋医院」を開いた。この頃、伊江は、日曜日の午前中は首里教会で説教をし、午後は那覇教会で説教をしていた。そして、月曜日から土曜日まで、病人の治療や診察をしていたという。

しかし、一九一九年、伊江は首里と那覇の牧師を辞して、再び台湾に渡り、屏東市で開拓伝道を始めた。首里教会には、同年、東京神学社出身の富原守清が牧師として赴任し、那覇教会を兼牧した。一九二一年には、那覇教会に西健二が牧師として赴任する。西健二は、前章で述べた通り、一九一三年、台湾・台南市の旧日基教会で磐井静治（喜界島）に洗礼をほどこした人物であった。西も東京神学社の出身で、『那覇中央教会創立百周年記念誌』によると、西の那覇教会赴任は、植村正久の強い働きかけによるものであったという。しかし、西は約一年半で離任する。前にも述べた通り当時、沖縄では第一次世界大戦後の砂糖の国際価格の暴落などがあり、都市でも、農村でも未曾有の不況にあえいでいた（「ソテツ地獄」）。そのような経済状態の中で、植村正久の説く自給独立伝道を維持することは相当の困難がともなったようで、同時期に首里教会の富原牧師も辞任している。

こうして、旧日基の沖縄伝道は危機を迎えた。その危機の最中、一九二二年、静岡県・御殿場出身の芹澤浩が那覇教会に赴任する。芹澤はこのとき、東京神学社に在学中であったが、植村正久から「この人間ならきっとやってくれる」という特別な見込みをつけられ、「君はもうこの学校を卒業したものとして見倣すから沖縄に赴任してくれ」との懇請を受けてのことであった。[101]芹澤は、体力的には恵まれていなかったが、「若し神が私に向こう三年間の寿命を与えて、三か年間伝道に従事することを許し給うならば、他郷に骨を埋めてもそれで本望だ」[102]という決心で那覇教会に赴任したという。

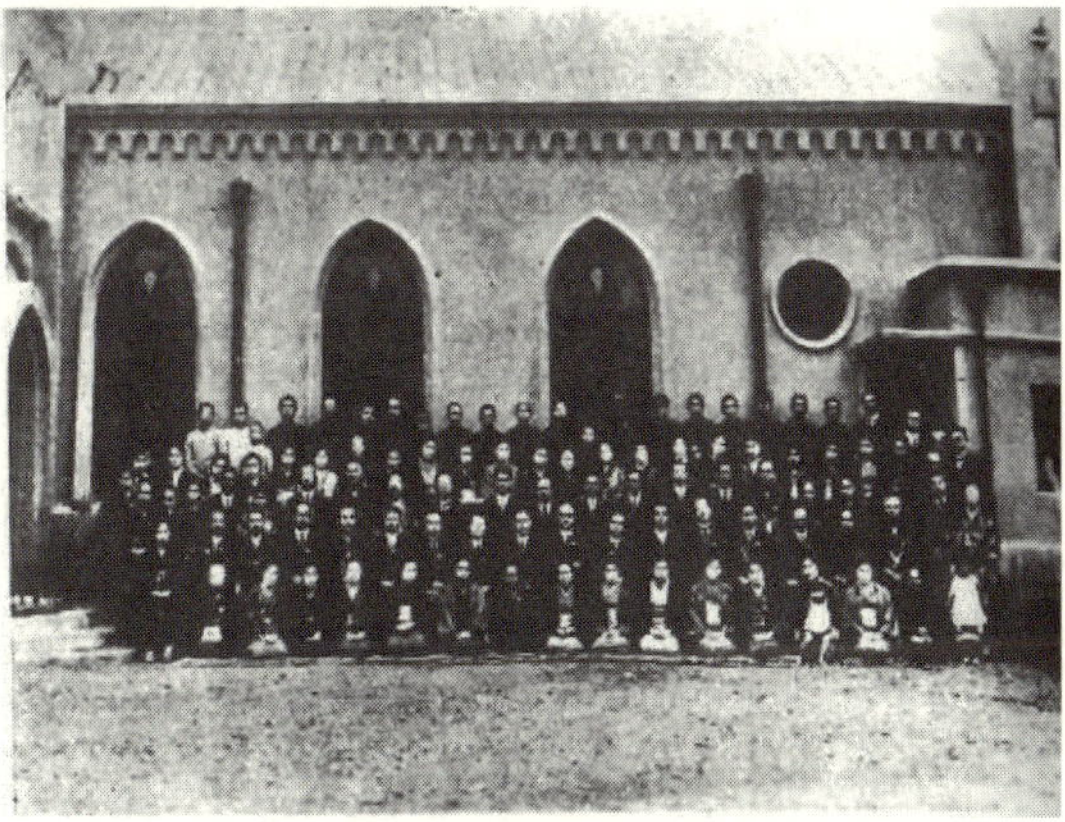

那覇日本基督教会会堂全景

そして、芹澤が赴任してから、東風平《こちんだ》尋常小学校校長の當山正堅（戦後、沖縄諮詢会・民政府文化部長、沖縄キリスト聯盟初代理事長を歴任）や、八重山伝道に関係することになる先述の古賀善次夫妻、多田武一、それに日本勧業銀行那覇支店の大嶺政憲、画家の大嶺政寛などの協働を得て、那覇教会の教勢は目覚ましい進捗を見せる。

こうした中、一九二三年八月に、植村正久が来島する。そこで、植村は、芹澤や教会員に対して会堂建築の必要性を強く働きかけたという。その際、植村は、教会の役員たちを前に、自ら二〇〇円の寄付を約束した後で、自分の余命は後二年ぐらいだろうから、是非とも二年以内に具体化してもらいたいという趣旨の発言をした。[103]そして、那覇教会は、一九二四年四月二〇日に開催された臨時総会で会堂建築案を可決する。それにともない、植村正久個人の献金のほかに、富士見町教会から一、〇〇〇円の献金が送られたという。

実は、この前年、植村の来沖直後の二三年九月一日、富士見町教会は関東大震災により教会堂や牧師館、東京神学社と学寮などを焼失している。ここに、植村正久や富士見町教会の沖縄伝道への強い意志が感じられる。同時に、伊江朝貞だけではなく、沖縄出身で東京在住のキリスト者による富士見町教会への働きかけがあったことが推察される。

その後、一九二九年一月、難航していた教会堂の敷地確保に目途がつき、那覇市久米の内兼久《うちがねく》山《やま》（現在の那覇中央教会の場所）の土地を五、〇〇〇円で購入した。これら土地購入と会堂建築に要した資金は一六、五〇〇円余りであったが、他教会や個人からの献金は、旧日基の会堂建築補助金も入れて四、〇〇〇円余りに過ぎず、他は教会員の献金や借入金でまかなわれた。

比嘉盛久

このときの資金集めと献堂式前後の様子を比嘉盛久は次のように述べている。教会員は月定献金とは別に、会堂建築献金を積み立てていった。また、会員の家庭に竹筒を用意して、日々の生活の中から別の献金を捻出していた。くり返しになるが、それらは、沖縄を襲った未曾有の経済危機の中での献金であった。また、土地を購入した年の夏、京都の同志社大学神学部学生による男声コーラスを招いて、那覇公会堂で演奏会を開いた（入場料五〇銭）。当時、なじみが薄かったアカペラの演奏やバリトンのソロが好評で、会堂建築のために一五〇円の資金を得ることができたという。この他、女学校などでも会員による演奏会を開いている。

こうした努力が実り、一九三一年一二月に鉄筋コンクリートの会堂が完成し、三三年二月一一日、献堂式が行われた。ところが、献堂式の翌週、芹澤は講壇で倒れ、闘病の末、妻と二人の幼児を残して、四二歳の若さで永眠する。このとき、鎮西中会を代表して芹澤を見舞っていた、旧日基鹿児島教会の番匠鉄雄牧師は、親友の芹澤の亡骸を前にして、芹澤の沖縄での救霊事業を讃えて、教会員を激励したという。そして、告別式では、「声一つ震わさずに荘厳を極めた」式辞を述べながら、大粒の涙を流していたという。この番匠もまた、喜界島から沖縄島までをくりかえし往還しながら、南島伝道に心血を注いだ旧日基の伝道者であった。

芹澤亡き後、服部団次郎が那覇教会に赴任するが、石垣島の八重山伝道所についても、鎮西中会の教会を中心に以下の牧師の来島が記録されている。川崎義敏（長崎教会）、伊江朝貞（屏東教会）、藤田治芽（福岡城南教会）、松尾喜代司（熊本教会）、小塩力（佐世保教会）、山田益（小倉教会）、楢崎武三郎（福岡羽犬塚教会）。ここにも、「植村人脈」を核とする交流による地域教会の活性化の足跡が見られる。

第2節　南島キリスト教史におけるもう一つの「植村人脈」——仲里朝章と在京沖縄人キリスト者の軌跡

「与えられる」客体から「学びとり、実践する」主体へ。

筆者がこれまで述べてきたことは、受動的な「地方伝道史観」から南島キリスト教史を解放し、主体的な信仰形成の軌跡をたどっていくことであった。南島キリスト教史における「植村人脈」の第一のクラスターは、南島に福音主義信仰をもたらした人びとで、南島に革新的な信仰を与えた。そして、「植村人脈」の第二、三のクラスターに属する人びとは、それらの信仰から多くを学びとり、主体的に受けとめ、実践してきた人びとである。

沖縄島中部・西原町の丘の上に建つ沖縄キリスト教学院。その中心であるチャペルは、「仲里朝章《ちょうしょう》記念チャペル」と名づけられている。この仲里朝章は、戦後、米軍占領下にあった沖縄のキリスト教界を代表する人物のひとりである。戦前から学校の教師をしていた彼は、一九四七年一二月一七日、沖縄キリスト聯盟の総会で按手礼を受けて牧師となり、北中城村島袋《きたなかぐすくそんしまぶくろ》で伝道し、一九四九年より首里教会牧師となった。その後、沖縄キリスト教会理事長を務め、一九五七年四月、沖縄キリスト教学院の初代学長に就任した。

この仲里朝章の戦前の歩みをたどっていくと、植村正久と富士見町教会に行き当たる。つまり、彼は、第二の「植村人脈」に属する典型的な人物である。

仲里朝章については、戦後の動向について、大城実が言及している。[104] また、石川政秀の評伝もある。[105] しかし、仲里についての先行研究は、拙稿[106]のほかは、ほとんどない。以下では、これらに依拠しながら、仲里の存在をとおして南島キリスト教伝道における「植村人脈」の影響と意義について述べていく。

仲里朝章は、一八九一年、沖縄島の首里当蔵（現那覇市）の旧琉球士族の家に生まれた。当時、「琉球処分」から一〇年余り経っていたが、琉球の再独立を目指す「頑固党」が依然として力を持っていた。しかし、石川政秀によると、仲里家は、日本への帰属に協力する、旧士族の中では少数派の「開化党」に属していたという。

朝章は、一九〇六年に沖縄県中学校（後県立第一中学校、現沖縄県立首里高校）に入学したが、同級生には後に日本共産党の指導者となる徳田球一（名護出身）などがいた。

仲里朝章

一九一一年、中学校卒業後、朝章は鹿児島に渡り、第七高等学校造士館に入学する。そのとき、朝章は、偶然、同じ家に下宿をしていた天野貞祐と知り合う。カント哲学の研究者であった天野は、内村鑑三の門下でもあった。朝章は、後に、内村の影響を強く感じさせる論考を残しているが、そのきっかけになったのは、この出会いであったろう。以前、奄美群島加計呂麻島の出身の昇曙夢も内村に私淑していたと述べたが、この他、伊江島の阿波根昌鴻《あはごんしょうこう》、志喜屋孝信（戦前、学生時代に無教会の集会に参加。戦後、沖縄諮詢会・民政府の初代知事、琉球大学初代学長を歴任）など、南島キリスト教史における内村鑑三の、特に「デンマルク国の話」の影響は大きい。

さて、朝章は、一九一六年に東京に出て、東京帝国大学文学部史学科に入学する。また、二二年には、文学部卒業後、同大学経済学部経済学科にも入学する。この間、二〇年に父の朝茂《ちょうも》が東京・富士見町で尚家の家扶を務めることになり、上京する。この頃既に朝章は結婚していたようである。また、教会に届け出た住所によると、父・朝茂とともに琉球屋敷（現在の都立九段高校の敷地）と呼ばれた尚家の邸宅に同居していたと思われる。また、朝章は、帝大在学中、毎日深夜まで図書館に籠もりっきりになり、「沖縄救済論」の研究に没頭した。その研究は、その後も東京を離れるまで続けられた。朝章はこの研究をいずれ出版するつもりであったというが、彼が長年にわたって集めた資料や草稿類は沖縄戦で灰燼に帰したという。

朝章は、帝大在学中の一九二一年頃から、同郷の友人である比屋根安定の導きで富士見町教会の礼拝に出席するようになる。そして、同年一一月二七日に、植村正久より洗礼を受けた。このとき朝章は「寂寞感から」（石川政秀）キリスト教に接近し、受洗したとしている。朝章の受洗の記述がある「富士見町教会　会報　一九二一年第四九号」によると、受洗した朝章の名前の後に、「教保　斎藤勇氏」「麹町区富士見町二ノ七」と続いている。斎藤勇《たけし》は、東京帝国大学教授で、英文学者であった。

その後、一九二三年、東京帝国大学を卒業した朝章は、長崎の県立高等女学校に赴任し、一時期、東京を離れる。植村正久が沖縄を訪問したときは、朝章は長崎にいたことになる。また、その間、一九二四年四月二〇日には、朝章の妻・仲里直子が植村正久より受洗している（教保は高橋久野）。

朝章は、一九二五年、植村の死後、東京に戻り、私立三輪田女学校に奉職する（三二年には教頭）。そして、一九三九年、父親の看護のために沖縄に戻るまでの間、朝章は、長年、教会学校の教師として富士見町教会で活躍した。また、一九三三年以降、信徒伝道者の按手礼を受けて、三度にわたって、長老を務めている。朝章が植村正久の直接の薫陶を受けたのはわずか数年だが、その後、富士見町教会で教会学校教師や長老を務め、彼の信仰は養われ、その信仰を支えに、戦後の混乱期の中、沖縄のキリスト教伝道の最前線で信徒や同僚牧師を導いていった。

それから、富士見町教会所蔵文書類を閲覧していて気がつくのは、明らかに沖縄出身者と思われる人たちが、教会に転入会していることである。それらひとりひとりの来歴は不明だ。しかし、那覇の旧日基教会だけではなく、台北の教会などへの転入会の記録に触れると、沖縄出身者にとっての旧日基のネットワークの広がりが分かってくる。また、「富士見町教会々報　一九二四年第九号」によると、長崎から帰った朝章は、しばらくして、「上荻窪六五五」に家族と共に転居した（一九三七年頃には「杉並区西荻窪二ノ一二三」に再び転居か）。そこは、現在の杉並区の西荻窪あたりである。この頃、中央線沿線の高円寺・荻窪・西荻窪あたりには沖縄出身者が多く住んでおり、伊波普猷も終戦間際に杉並の比嘉春潮宅に身を寄せていた。また、戦後、宮古島教会を建てた國仲寛一も、戦前、杉並区内の馬橋キリストの教会に通っていた。このとき、朝章と國仲が出会っていたという確証はないが、ここに南島出身者のキリスト者コミュニティがあったことは確かだ。

　さて、朝章は、一九二七年頃には、西荻窪の自宅を拠点に「耕南グループ」を立ちあげた。そこには沖縄出身の在京青年が多く集っていた。中には、受洗後に朝章一家と同居していると思われる者もいる。また、朝章の家族の話によると、そこにはクリスチャンではない青年も多くいたという。そのとき、朝章は三六歳。折しも、沖縄は「ソテツ地獄」という破局的経済危機に見舞われていた。青年たちはその沖縄を出郷してきたのだ。朝章はそうした青年たちの面倒をよく見ていた。そして、自身のライフワークである「沖縄救済論」について青年たちと熱く語りあい、傷《いた》んだ沖縄を復活させるために、次代を担う世代の中にしっかりと問題意識を刻みつけたのではないかと思う。

　富士見町教会所蔵の「昭和八年　小会手控　牧師用」によると、一九三五年五月九日の定期小会で比嘉盛仁の転入会が認められたとある。首里教会や八重山講義所で牧師を務めた比嘉盛久の長男として生まれた比嘉盛仁もまた、戦後沖縄のキリスト教界を背負ってきた人物であった。父である盛久の「戦前の沖縄に於ける基督教の歴史」[107]によると、盛仁はこの年の三月に沖縄県立第一中学校を卒業し、東京の日本神学校（東京神学社の後身）に入学した。富士見町教会の文書によると、転入した盛仁の住所は「麹町区富士見町一ノ一六カルビン寮」となっている。

その年の八月、御殿場東山荘で日本基督教会大修養会が開催されたが、盛久は石垣島から息子の盛仁を訪ねてきて、二人で修養会に出席した。二人はそこで佐波亘、桑田秀延、植村環に出会っている。その際、植村環から、中学卒業後すぐ神学校に入学したのは盛仁が最初だったと言われたことを、盛久は印象深く述べている。その盛仁は、富士見町教会では、神学生として奏楽の奉仕や伝道集会での説教などを担当していた。

盛仁は、一九四一年、日本神学校六年の課程を終えて、金井為一郎が牧会する市ヶ谷日本基督教会に移る。[108]そして、いまのところ時期を確定することはできないが、盛仁は日本基督教団から按手礼を受領しており、少なくとも終戦の間際には、市ヶ谷教会の副牧師になっている。

長野県安曇野で生まれた金井は、第一高等学校に進学し、校長の新渡戸稲造や救世軍の山室軍平の感化を受ける。そして、二〇歳の時に兄とともに松本日本基督教会で受洗するが、東京では富士見町教会に出席していた。彼は受洗の一年後、登山中に遭難し、それを期に召命を受け、一九〇九年に一高を中退し、東京神学社に入学した。金井はスエーデンボルグやサンダーシンクなど神秘主義の研究で有名だが、植村の薫陶よろしく旧日基の正統な神学を守ったといわれている。

盛仁は、一九四六年一二月に帰沖するが、その後も金井との交流は続いた。『キリスト新聞』(一九四七年一〇月四日)には盛仁から金井に宛てた書簡が掲載されている。また金井は一九五五年八月、盛仁の招きで、木村義夫とともに沖縄に来島する。そして、夏期修養会のため二〇数か所で伝道集会を開催するが、その中の何か所かで、金井は乞われてスエーデンボルグと「霊界」の話をした。そのことが、宣教師と沖縄の牧師たちとの間に激しい対立を起こすことになった(「信仰告白」論争)。(109) これは、南島の信徒にスピリチュアルな信仰をのぞむ傾向があることを示している。

このほか、戦後、無牧状態で放置されていた喜界島の教会に、「立って南に行け」との啓示を受けて赴任した福井二郎もまた、金井や富士見町教会の牧師を務めた島村亀鶴《きかく》ら「植村人脈」とのつながりが認められる。それらの福音主義信仰は、南島の島々に染みわたっていった。

第3節　「土着」と「越境性」のはざまで——照屋寛範の南洋伝道とバプテスト教会

戦後、一九五三年一一月、沖縄のバプテスト系諸教会は、沖縄キリスト教会を離脱し、沖縄バプテスト連盟を結成した。この教団は、それ以後、日本のどの教団とも「合同」していないが、現在、沖縄県で最大の教会数・信徒数を有している。沖縄バプテスト連盟が本土教団と合同しない理由はいろいろ考えられる。一つは、在沖米軍との深いつながりである。ほぼ軍関係者や米国人でのみ構成されている数百人規模の「英語教会」があるのは、この教団の特徴である。

その一方で、バプテスト教会は、戦前からの「土着」的伝道の伝統を現在も引き継いでいる。主要教派(110)の中で伝道者を沖縄で養成しているのは、バプテストのみである。また、バプテストでは、礼拝で琉球語による「琉球讃美歌」(111)を用いている教会もある。このように、バプテストには、その内部にかかえた「異邦性」を許容し、ナショナリティを超えていく「越境性」がある。その一方で、独自の方法で信仰を掘り下げようとする「土着性」をも備えている。

このようなバプテスト教会の姿勢は、一見矛盾するように思える。しかし、実際に、それらがこの教団の中に共存している。その淵源をたどると、戦中・戦後を通じてバプテスト教会の核心的人物であったひとりの伝道者の働きに行き着く。

その伝道者は、照屋寛範《てるやかんぱん》という。

照屋寛範（一八九二―一九六八年）は、首里生まれで、一九〇五年頃、聖公会の本田憲之牧師の説教で、初めてキリスト教に触れたという。その後、この集会の消滅にともない、大保《おおぼ》富哉が首里で開拓伝道をしていたメソジスト教会にも出席していた。そこで、後に首里市長を歴任し、戦後は東京で復帰運動を指導した仲吉良光などの感化を受けた。(112)また、一九〇九年に受洗したと

那覇バプテスト教会

されるが、それがバプテスト教会であれば、首里教会の浦添朝長牧師からであったと推定される。

そして、比嘉賀秀（静観）とともに、日本バプテスト神学校に進学する。一九一五年の卒業後、帰沖し、糸満伝道に従事する。しかし、前年に帰郷していた比嘉とともに、翌年には、伊波普猷らの独立沖縄組合教会に接近し始めた。その背景には、先述の通り沖縄着任以来、ファンダメンタルな伝道を続けるバプテスト教会の原口精一牧師との確執があったといわれている。

照屋は、一七年に組合教会に転出し、翌年には、伊波が嘱託館長を務める沖縄県立図書館に司書として勤務するようになる。照屋は、戦後、『沖縄の宗教・土俗』（研文印刷社、一九五七年）という書物を著す。そこには、沖縄の祖先崇拝や祭礼、土着の神々についての彼の見識が披瀝され、沖縄の土着信仰と聖書やキリスト教信仰の関連についても触れられている。そこには、伊波の強い影響が感じられる。

照屋の薫陶を受けた伊波盛次郎は、「照屋牧師の琉球方言による土俗宗教の講話は圧巻であり、極めて格調高いものがありました。直接伝道より離れていた二ケ年はその後の郷土伝道に対する神のご配慮があったのではないかと思われます」[113]と述べている。この「直接伝道より離れていた二ケ年」とは、伊波普猷とともに働き、語りあい、郷土伝道について研究し合った県立図書館での日々のことを指している。このように、沖縄の民俗を学術的に深く理解し、その民俗や信仰とキリスト教信仰を必ずしも対立的にのみとらえない照屋の伝道の原点は、彼がバプテストから組合教会へ一時的に越境したこのときに求めることができる。

また、照屋は、この教派の「越境」が縁で、南洋伝道に派遣されることになった。一九一八年、日本組合教会は、著名な巡回伝道者である木村清松を沖縄伝道に派遣した。このとき、「五日間で入信決心者七百名」[114]を得た。木村は翌年春にも来沖して、前年同様成果を挙げた。しかし、比嘉静観牧師のユニテリアン的信仰と、木村の説く正統派キリスト教神学の違いに戸惑った新しい信徒たちは、次々と教会を離れていった。それで、木村から三度目の伝道の申し出があったときに、照屋はそれを断った。木村はそれにたいそう立腹したという。しかし、そのことがきっかけで木村の目にとまった照屋は、小﨑弘道と木村の強い薦めで組合教会の「南洋伝道団」[115]の一員として南洋伝道に加わることになる。

当時、照屋は肺結核を患っており、主治医から早死にすると南洋行きを強く止められた。しかし、照屋は、「南洋こそ私の死場処だ。太く短くてよい。無茶苦茶に伝道して、胸もすく思いで死にたい。神さま私を南洋におつかわし下さい」(116)と、その決意を述べ、現地に向かった。

照屋は、まず一九一九年にその準備のため東京へ出郷し、二〇年四月、トラック諸島秋島（現チューク諸島フェファン島）に赴任する。この南洋伝道団は、海軍省より資金提供を受けており、植民地宣撫工作の一端であることは明らかである。その資金をもとに、照屋には八〇円、妻の八重子にも四〇円の俸給が支給された。二人の俸給の合計は当時の日本の牧師の平均的な謝儀の三倍強で、三年に一回、半年の有給休暇と一、五〇〇円の帰休手当が支給されたという。しかし、照屋夫妻への支給額は、同時期に日本から赴任した他の者の四分の三程度しかなかった。この点について、西原基一郎（韓晳曦《はんそっき》）は、南洋群島内での日本人、沖縄人、現地民の序列に触れ、差別的扱いではないかと指摘している。(117)

さて、南洋群島とは、当時、「内南洋」ともいわれ、現在の北マリアナ諸島・パラオ・マーシャル諸島・ミクロネシア連邦に相当する。この地域は、第一次世界大戦までドイツの植民地であった。しかし、一九二二年から赤道以北の旧ドイツ領は、国際連盟から委託され、日本の委任統治領となる。そして、同年、南洋庁が設置され、その前年に設立された国策会社・南洋興産株式会社の活動と合わせて、南洋群島の統治と開発が始まる。

もともと、南洋群島では、一七世紀初頭からのスペイン統治時代にはカトリックの布教が進んでいた。しかし、一九世紀末にドイツが宗主国となると、カトリック教会は、プロテスタント教会となっていた。また、この地には、欧米系の企業家・商人や宣教師などのほか、植民地時代に西洋式の生活習慣を身につけたチャモロ人と、それ以外の島民であるカナカ人がいた。しかし、日本の委任統治が始まると、日本人が大量に流入する。一九三九年には、南洋群島の総人口一二万九、〇〇〇人のうち、日本人は約八万人（沖縄人、旧植民地出身者も含む）となっていて、この地域の人口の過半数を占めていた。

沖縄人たちは、一九一五年頃、糸満出身の漁民（海人《うみんちゅ》）が既にサイパン島に渡航していた。また、二二年には、南洋興産が経営するサトウキビ畑や製糖工場で約三、〇〇〇人が働いていた。一九三九年には、約四万五、〇〇〇人の沖縄人がおり、その数は日本からの移民の約六割を占めていた。それらの沖縄人たちは、カツオ漁（主に男性）やカツオ節工場（主に女性）での労働に従事していた。また、台湾と同様、南洋群

首里城東バプテスト教会と照屋寛範

島でも沖縄人たちは教員や警官といった職に就いた者が多く、南洋の皇民化に当たって、直接島民たちと対峙するポジションに就いていた。その南洋群島への伝道団に、なぜ、照屋寛範が抜擢されたのか。これについては、照屋の人柄だけではなく、上記のように多くの沖縄人たちが南洋各地に住んでいるという事情から、彼の沖縄出身牧師としての働きが求められた可能性はある。

照屋は、一九二〇年から二八年まで南洋伝道に従事している。しかし、その間のできごとについて、管見の限りではあるが、照屋の動静が分かる彼の手による記録はほとんど残っていない。今後、それが発見される可能性はあるが、先述した通り、死を覚悟して南洋に赴いた極めて強い意思表示と比べると、このことは対照的である。

照屋が、一九二四年に一時帰省した折に行った首里の旧日基教会で講演の記録がある。(118) その講演を聞いていた比嘉盛久によると、照屋は、日本海軍派遣隊の「横暴傲慢」により、南洋の島民たちが苦悩している姿を語ったという。その点については、他の日本人伝道者も指摘している。照屋を初めとする道者の中には、宣撫工作の一環として南洋伝道に派遣されたが、軍とは一定の距離を置きながら伝道をした者もいた。

一九二七年、照屋は、バプテストの宣教師タムソンと和解し、小崎弘道の承認を得て、南洋から引き揚げる。そして、那覇バプテスト教会の牧師となる。

さて、先に紹介した照屋の著書『沖縄の宗教・土俗』の「第二版序文」は、こんな文章で始まる。「私は、かって八年間南洋群島を巡回伝道したことがあるが、日本のような儒教文化や仏教文化によって耕やされた文化国と、何らの文化も持たないこれらの後進国との間には、おのずから伝道法にも異なるものがあり、また、その実りかたも異なるもののあることを知った」。伝道者として照屋の中にも、日本人植民者と同様のまなざしがあることを、ここに見ることができるだろう。

また、この著書の中で、照屋は、沖縄の民俗誌と聖書の記述の共通点をいくつも挙げて、沖縄でのキリスト教の土着化の方途を探っている。このような施行や記述は、与那城勇など、他のバプテストの伝道者の中にも見られる。照屋にとって、キリスト教は、沖縄が文明化するための一つの手がかりだったのかも知れない。照屋が、南洋での伝道の日々について多くを語らないことが、そのことを物語っているように思える。

沖縄のキリスト者の中には、《琉球＝沖縄》のことを、「エデンの園」や「第二のエルサレム」と考える人びとがいる。これの人びとは、土着のものとキリスト教信仰を結びつけて理解することで、自らの信仰を深めていく。そして、その福音理解をもとに、自分たちを苦難と隷従から解放することを希求する。照屋の示した土着への足がかりは、彼の文明的なまなざしを超えて、南島に広範な広がりを持つことになる。

第5章　南島の軍事化と試練に直面するキリスト教会

第1節　一九二〇～三〇年代の沖縄における社会問題とキリスト教――服部団次郎と沖縄MTL

一九世紀末から伝道が始まった南島のキリスト教は、一九二〇年代後半から一九三〇年代にかけて、一つの高い到達点に達していた。その時代の沖縄社会について、川平朝清「沖縄キリスト教小史」[119]によると、一九二七年の沖縄県の人口は約五六万人で、海外にも五万五、〇〇〇人余りの移民が暮らしていた。また、小学校も増え、就学率も九八・五六％に達していたが、一方で、「標準語励行運動」や「方言札」に象徴されるように、いっそうの皇民化教育が進んでいた。また、沖縄では「ソテツ地獄」と呼ばれた経済危機が継続中であった。しかし、沖縄県の井野次郎知事の尽力で、一九三三年からの「沖縄県振興十五年計画」が国会を通過した。しかし、これは、日中戦争の勃発により充分に履行されなかった。

沖縄 MTL メンバー

そして、一九四一年の日本基督教団設立時、沖縄県には一七の教会・伝道所があった。また、奄美群島にはカトリックとホーリネス系の教会があった。沖縄県の教会を旧教派で分類すると、メソジスト（六）、旧日基（五）、バプテスト（四）、ホーリネス（二）、救世軍（一）となり、伝道者は一四名で、その内、五名は日本出身者であった。

この時代、教会が取り組むべき地域的課題は、経済危機からくる貧困問題のほか、教育や社会福祉に関する問題も多くあった。しかし、日本とは違って、県内の教会や、教育・社会事業団体は、社会事業や救済活動を充分に展開できるような「力」を持っていなかった。そのような状況にありながら、沖縄の伝道者たちは、沖縄の地域的課題に取り組むために、一九三五年、超教派の「沖縄基督教連盟」[120]を組織した。また、これが母体となり、「沖縄救癩協会（沖縄ＭＴＬ）」が同年に設立された。以下では、まず、その沖縄ＭＴＬ設立の中心的人物であった服部団次郎を取り上げ、一九三〇年代の沖縄キリスト教界を論じたい。

ところで、戦前、沖縄で伝道をしていた日本人伝道者のうちで、戦後、日本に戻った後、沖縄での伝道の日々について沈黙している者は意外に多い。そんな中、服部団次郎は、戦後、沖縄伝道を振り返って、『沖縄キリスト教史話』（キリスト新聞社、一九六八年）と『沖縄から筑豊へ――その谷に塔を立てよ』（葦書房、一九七九年）の著作を残している。それらによると、服部は、一九〇三年、島根県に生まれ、一九歳で横須賀の海軍軍楽隊に入隊した。そして、日本神学校に入学し、一九三二年、二九歳で卒業、大分県にある旧日基の森教会（現日本基督教団玖珠教会）に赴任した。このとき、服部は、農村の若い信徒たちと語りあい、農村伝道に生涯をかけて取り組む決意をしていた。

ところが、一九三三年、旧日基鹿児島教会の番匠鉄雄牧師が大分の服部のもとを訪れる。この年、那覇教会の芹澤牧師が四二歳で死去した。番匠の訪問は、芹澤の後任者として旧日基の大会が服部を適任者として推薦したことを伝え、服部に那覇教会赴任をうながすためであった。[121]服部は、その場では、家族と相談してからと取り繕ったが、内心、断るつもりでいた。しかし、その晩、「骸骨のようにやせ衰えた人間とも思えないような群衆」[122]が、救いを求めて迫ってくる「幻」を見たという。それで、彼は、パウロが見た「マケドニア人の幻」（使徒言行録第一六章）を思い出し、那覇教会への赴任を決意したという。

かくして、一九三三年一一月、服部は、妻と生後三か月の子どもを連れて、海路、那覇に到着した。しかし服部は、着任早々、新会堂建築後のばく大な借入金問題を初めて知る。そして、社会の上層階級が集う教会の外で、それとは別世界のような体験をした。そして、その体験が、服部に新たな伝道課題を突きつけることになった。服部は、毎月決まった日になると市内を徘徊し、物乞いをするハンセン病者たちを目の当たりにする。服部は、初め、それらの病者の姿に不快感をおぼえていたらしい。しかし、那覇赴任からまもなく親しくなった救世軍の花城武男大尉から、沖縄の社会問題やハンセン病問題の実状をつぶさに聞く機会があった。

この花城は、以下の経緯で沖縄に派遣された。日本の救世軍司令官・山室軍平中将がハワイを訪れた際、ハワイ在住の開業医で熱心な救世軍の信徒であった「山城ドクター」[123]から、救世軍の沖縄伝道を奨められた。その結果、花城が選ばれた。[124]花城は、那覇赴任前に既にハンセン病者への伝道に意欲を持っていたという。

服部は、花城に辻遊郭の裏手にある「バクチャー(「博打屋」の意)」といわれていた墓場に案内された。そこには、男女三〇名ほどの病者が集まって暮らしていた。服部は、その「バクチャー」で、青木恵哉《けいさい》と出会った。青木は、このとき、同じ病者として熊本の回春病院から病者伝道のために派遣されていたのだった。このとき、青木の合図で二〇名ほどの病者が集まり、讃美歌と祈りで服部を迎えたとき、服部は相当な衝撃を受けたという。それまで病者を嫌悪していた服

青木恵哉

部の中では、那覇赴任前に見た「骸骨のようにやせ衰え」、救いを求めてきた群衆の幻と、目前の病者が完全に結びついた。

また服部は、沖縄島北部では、病者のための療養所の建設を巡って、病者と地域住民の間に以下のような紛争が起きていることも知った。一九二九年、沖縄県は名護町（現名護市）の喜瀬《きせ》や宇茂佐《うむさ》を候補地としたが、地元の激しい反対に遭う。そこで、県は、羽地村《はねじそん》（現名護市）嵐山で極秘裏に療養所の建設を進めた。ところが、その事実が新聞紙上で公となり、大きな騒動に発展する（「嵐山事件」）。服部は、このような事情を聞き、さらに使命感を強めた。

服部は、このまま那覇の大教会で会堂建築の負債問題を解決し、エリートたちの伝道に徹すべきか、それとも、自分が幻として見、現実に救いを求めている「群衆」のために伝道すべきか、葛藤するようになった。そうして、煩悶の末、彼は教会の役員会に辞任を申し出た。赴任一年にも満たない牧師からの辞任の申し出に、役員たちは思いとどまるよう強く慰留に努めた。しかし、服部は翻意せず、役員会は鹿児島の番匠牧師に後任の人選を依頼し、服部の辞任は認められた。こうして、一九三五年一月、服部は名護に移り住み、那覇教会へは服部の神学校時代の同級生である野町良夫が赴任した。

しかし、服部一家の名護での生活は困難を極めた。当時、名護町にはメソジストの伝道所があり、島袋源一郎などが那覇から来援していた。旧日基の服部は、収入源となる生活手段の目途がまったく立たず、妻の内職で当面の間食いつなぎながら、周辺の羽地村田井等《たいら》や真喜屋《まきや》などで家庭集会を開いて、農民たちへの伝道を続けた。また、名護町の外れにある服部の自宅は青木の自宅の近くにあり、青木が伝道の拠点としていた病者数十人が暮らす屋部《やぶ》の病者宅で、ともに伝道を行った。しかし、後述の沖縄MTL設立の報道がきっかけになり、屋部の病者の家が焼き払われる事件にも遭遇する。

嵐山癩保養所設置反対運動（「嵐山事件」）

青木恵哉『選ばれた島』（一九五八年）によると、青木が花城に初めて対面したとき、月に一〇〇円程度の資金が確保できれば、那覇近辺にいる相当数の病者を収容する施設を運営することができ、それらの費用は那覇市に掛け合い、予算を組んでもらい、篤志家を紹介してもらってまかなうことができるはずだということになった。しかし、実際にはそれらの資金の確保は、なかなか目途がたたなかった。そのことを二人から相談を受けた服部は、「沖縄のキリスト教会の牧師や信徒達を糾合して一つの組織をつくり、この組織を通じて募金を呼びかけることによって、側面から援助する以外にない」[125]と考えるに至った。

こうして、青木、花城、服部のほか、服部の後任の野町と、メソジストの北村健司、バプテストの照屋寛範に呼びかけて、この問題を協議するために、三五年五月、バプテスト首里教会で教役者会を開催した。この教役者会は、後に、「沖縄基督教連盟」となり、北村が理事長となった。また、この日の教役者会で沖縄ＭＴＬが結成された。

しかし、ＭＴＬの発足により、屋部にハンセン病者の「仮収容所」ができると報道されたために、先述の「屋部隔離所焼き討ち事件」が起こる。そのため、青木と病者たちは、名護の北部、羽地内湾にある屋我地島《やがじじま》の沖にある無人島・ジャルマ（「奴隷」の意）島に避難する。この切迫した事態を打開するために、まず、彼らは教会外の人を入れて評議会を設けた。新たに加わったのは、当間重剛（那覇市助役）、大久保孝三郎（医師会長、那覇メソジスト教会員）、島袋源一郎（県教育主事、同教会員）、當山正堅（小学校長、旧日基那覇教会員）など数名であった。そして、県外での募金活動が提起され、服部が、一九三五年八月から九月にかけて、熊本（回春病院）や福岡、東京、大阪などを回った。また、彼は、賀川豊彦の紹介などで内閣の主要大臣や財界人と面会し、支援を訴えることができた。

その結果、三井報恩会などから現金で約三千円の基金を得て、服部は帰沖した。その資金をもとに、屋我地島大堂原《うふどうばる》に敷地を確保し、隣村の済井出《すむいで》の住民の了解も得て、一九三六年五月、「沖縄MTL相談所」が開所する。これが、「愛楽園」の前身になる。

沖縄 MTL 相談所

名護幼稚園

服部は、MTLの活動のほか、同じく三井報恩会からの資金で、一九三九年四月、私立名護幼稚園を開園した。その幼稚園では、農村における農繁期保育や就学前の言語教育に力を入れた。しかし、一九四四年九月、軍の命令で、日本への疎開船の引率者として、服部は離沖を余儀なくされた。

このように、沖縄戦が近づいてくると、日本出身の牧師や沖縄人牧師たちは、ほとんど日本本土に送還されるか、南洋伝道に徴用され、沖縄を去って行った。彼らの戦後の沈黙は、前節で述べた照屋寛範の南洋伝道に関する沈黙とは違っている。それは、志半ばで、信徒たちを残して沖縄を離れざるを得なかった悔悟の表れであったかも知れない。

こうして、一九三〇年代、周辺地域との交流により活性化した南島のキリスト教は、戦争の拡大により、その交流の断絶を余儀なくされ、次第に消滅に向かっていく。

第2節　南島の軍事化と教会――奄美大島における宗教構造とカトリック迫害

一九三〇年代後半、日本の辺境である南島の、さらに底辺に呻吟する人びとに対して、南島のキリスト教はそれらの人びとの救済のために教派・出身地を越えて連帯した。そのような救済活動を排除しようとする動きはあったが、地域住民たちとの関係も深まりつつあった。

これは、南島のキリスト教が成長する過程で、日本や旧植民地、南洋、米国本土とハワイなどの信徒との信仰的交流と教会活動の越境が育んできた成果でもあった。そして、その状態が続けば、南島における信仰の広がりと深まりは、さらに独自の展開を遂げていったのではないか。

しかし、その可能性を断ったのは、一九三〇年代から四〇年代にかけての南島全体にわたる軍事化であった。「軍事化」とは、単に軍事基地の建設や軍隊の駐留だけを意味しているのではない。そもそも、戦争の形態は、二〇世紀にはいってから激変する。近代戦においては、兵士の担う前線だけではなく、一般市民が担う後方支援（いわゆる「銃後」）が重要視され、それらが一体となった戦争遂行が求められた。いわゆる総力戦体制の出現である。

その総力戦体制下の軍事化について、昨今の政治状況と重ねあわせて、以下の五つの事態が同時に進行すると筆者は考えている。

（一）法体系と政治・社会体制の根底的な変更
（二）軍事基地の建設と軍隊の進駐
（三）翼賛的団体の出現と相互監視システムの構築
（四）言論統制と思想・信条・信教の自由の侵害
（五）排他的言説（「ヘイト・スピーチ」）の流布と「敵性」外国人の追放

まず、（一）については、「治安維持法」「国家総動員法」と翼賛体制がそれに当たる。これらは、今日における「特定秘密保護法」や包括的な「安保法制（戦争法制）」と類比できるだろう。

（二）については、現在、南島地域には、在日米軍基地とは別に、大島、沖永良部島、沖縄島、久米島、宮古島、与那国島に日本国自衛隊基地がある。それに加えて、現在、石垣島では基地建設計画が具体化しつつある。一方、一九三〇年代から、それらの島々以外に喜界島、徳之島、石垣島などに日本軍の基地が建設された。軍事基地については機密事項があり、そのことが住民に対する人権侵害や排外主義を正当化する根拠にされてきた（（四）や（五）にも関連）。

（三）については、在郷軍人会や国防婦人会さらに、大日本翼賛壮年団（翼壮）が暴力的な手段を使って、集団で教会や牧師、ときには、信徒に対して、直接的暴力による激しい攻撃をするようになる（先述のベッテルハイム記念碑破壊や喜界島での教会弾圧など）。しかも、それらの組織の背後には軍の存在があった。こうして、「軍」「官」「民」が一体となり、地域社会を舞台に戦争遂行のための一体化・同質化を強要する「国民運動」を推し進めるようになった。

最後に、（五）について、今日、それらの排外主義的言動は、主として、日本国内在住のアジア系の人びとに向けられている。それは、戦前・戦中には、欧米人たちに向けられていた。その点で、欧米と関わりが深いと思われていたキリスト教会は、「ヘイト・スピーチ」の格好の標的となり、欧米人宣教師は排外主義者の第一の攻撃対象となった。大島のカトリック迫害は、こうして発生したといわれている。

また、教会に欧米人宣教師がいない場合でも、仮想敵である欧米人から思想的浸潤を受けた存在として教会が攻撃の対象となることはあった。次節に触れる喜界島でのプロテスタント弾圧の場合がそれに当たると見られてきた。

以下では、近代南島キリスト教史の最終章として、地域社会の「軍事化」により深刻化する教会への弾圧と、教会活動の終焉について、述べていきたい。

大島のカトリック教会に対する迫害は、南島最大であることが知られている。このとき、カトリック教会が主導して一九二三年に創設された大島高等女学校（以下、「大島高女」）は、地域住民による迫害で、一九三四年三月に廃校となってしまった。そして、信徒や教会などによる迫害は過激化し、外国人宣教師は域外に追放され、教会施設は強制的に接収された。

大島高等女学校と戦前の天主堂

その迫害に一〇年余り先立つ一九二三年四月、陸軍は、奄美要塞司令部を加計呂麻島との間の大島海峡をのぞむ瀬戸内町古仁屋に開設した。この軍事施設は、前年に結ばれたワシントン軍縮会議の決議に違反するものであったため、陸軍は情報漏洩を警戒していた。このことが、カトリック教会の外国人宣教師排斥と、教会自体に対する軍を後ろ盾とした地域住民による迫害へと発展したといわれている。

この一連の迫害事件で、一九三九年八月には、大島カトリックの中心的な教会である名瀬のカトリック聖心《みこころ》教会は役所として接収された。その際尖塔の十字架は切り

十字架が切り落とされた
名瀬聖心教会

取られ、代わって日の丸が掲げられたという。また信徒に対する迫害も死者を出すなど苛烈を極め、主要な信徒の「暗殺リスト」まで公表されていたという。

これらの「事件」の推移については、小坂井澄『「悲しみのマリア」の島―ある昭和の受難―』（集英社、一八八四年）や宮下正昭『聖堂の日の丸―奄美カトリック迫害と天皇教―』（南方新社、一九九九年）などで、その詳細が明らかになっている。[126] したがって、本稿では、紙幅の関係もあり、「事件」の推移の詳細には言及しないことにする。

ところで、この大島高女であるが、同女学校編『昭和三年三月　卒業記念写真帖　第壹回』（鹿児島県立奄美図書館所蔵）によると、初代校長の米川基[127]以下、教師九名（男性四名、女性四名（内、外国人一名））と書記一名が記載されている。これら教師のうち、一名は沖永良部、一名は東京・蔵前の住所が記載されており、それ以外は名瀬の在住と見られる。また、このときの卒業生は六八名で、本土の鹿児島、加計呂麻島、与論島が各一名、徳之島二名で、その他は名瀬を中心に大島内の各地から集まっていることが分かる。

これらのことから、大島高女が、カトリック教会の全面的支援のもとで、本土からも教員を招聘し、大島・名瀬だけではなく、大島各地や奄美の各群島から学生を集めていた学校であったことが分かる。

既に、第1章で述べた通り、大島では岡程良ら島内の指導的知識人により、カトリック教会が招聘された。招聘されたカトリック教会は、それら知識人と地域住民の希望によく応え、奄美群島史上初めて、外来者として、収奪せず、剥奪せず、与え、励まし、育んでいくことを誠実に守ってきた。大島高女は、まさに、その象徴であった。名瀬村議会でも、カトリック教会に対して、一九二二年八月、大島高女用の敷地を購入し無償貸与することを決めた。

その後、大島中学校（男子校）のカトリック生徒による神社参拝拒否、大島高女の米川校長へのスパイ容疑事件（二六年）や宮城遙拝などを巡る問題（二九、三〇年頃）が起きる。しかし、それらは、いずれも大規模な迫害事件には発展しなかった。ところが、一九三三年前後から、急速に、カトリックへの攻撃が本格化し始める。

その背景には、軍部による扇動もあったが、この頃から、別の気になる動きが見られるようになった。例えば、月刊誌『奄美』（武山宮信編集、奄美社）などに「大島振興」の記事が見られるようになる。これは、鹿児島県や国による「産業振興計画」や「大島郡振興計画」の策定を指している。これらは、結果的にいずれも不充分な振興策であり、一九四〇年には打ち切られてしまうのだが、有史以来、奄美から搾取と剥奪の限りを尽くしてきた〈薩摩藩＝鹿児島県〉が大島の振興に乗り出したことを示す。そして、このことが、カトリック攻撃にも勢いを与えたと筆者は考えている。つまり、かつて、地域の有力者は奄美の近代化を願ってカトリックを誘致したのだが、抑圧者であった鹿児島県当局が奄美振興へと方針転換することにより、カトリックの役割は終わり、彼らにとってカトリック教会を擁護する理由が失われたのではないか。

さらに、次節に述べるが、カトリック教会迫害期、名瀬町内にはプロテスタント教会（ホーリネス）があったが、ほとんど攻撃されていない。また、同時期に喜界島では、二つのプロテスタント教会が閉鎖に追いこまれていく。このことは、これまで述べてきた一連の迫害事件は、キリスト教信仰に対する単純な迫害ではなく、カトリック教会に対する政治的なものであったことを示唆している。

これらを総合して考えると、今後、充分に調査をする必要があるが、かつてカトリック教会を誘致し、大島高女の創設に尽力してきた階層と、軍部の圧力を背景に地域住民を扇動してカトリック教会を襲撃させた階層は、ある程度重なっているのではないかという推論は成り立つだろう。

ところで、カトリック教会への迫害がますます苛烈になりつつあった一九三六年四月、『奄美』誌に「本島と喜界の大本信者転向」という短い記事が掲載されている。それによると、当時、大島郡にいた約一、〇〇〇名の大本（大本教）信者を、「〔鹿児島〕県〔警察部〕特高課井上警部」が転向させ、大本の南島支部を壊滅させたという。これは、第二次大本事件（三五年）と関連している。その一方で、大本は、軍部や在郷軍人会ともともとつながりが深く、それらと関係の深い大本の組織である「昭和神聖会」などは、カトリック教会への迫害に加わっていたという報告もある。(128)

ふりかえると、一九三〇年代後半から日本でも、次第に各宗教団体に対して、選択的にではあるが政治的圧力が加えられ始めており、直接官憲から攻撃されて宗教施設などを破壊された教団もあった。奄美における大本信者への転向の強要や喜界島における二度目のホーリネス教会に対する迫害事件などは、日本における教団弾圧の一環であった。

さらに付け加えると、大島の排外主義者たちが排除しようとしたのはカトリック教会だけではなかった。松田清『奄美社会運動史』（JCA出版、一九七九年）によると、戦前、大島を中心として家人《やんちゅ》解放運動、労働争議、アナキストや共産主義者の活動、反戦活動など、社会運動が見られた。そして、それらを主導していた労働者や教師などもまた、共産主義者のレッテルを貼られ、排外主義者の攻撃対象となっていた。(129)

これらの運動は、いずれも南島の軍事化に連動している。そして、一九四〇年代、日米開戦と戦局の悪化にともなって、南島の軍事化と教会に対する試練は、教会という存在の崩壊・解体・消滅という新しい局面を迎える。

第3節　戦場に取り残された信徒と伝道者

第二次世界大戦中、日本各地は、米軍による激しい空爆（空襲）にさらされた。しかし、こうして戦火にさらされることと、地上戦の戦場になることとでは、その地にある教会のその後の歴史にどれほどの違いが生まれるのだろうか。戦火の中の教会では、それが止むと、生き残った伝道者や信徒たちは、半年か一年後には、それぞれ元の地に集まって、教会堂も再建される。つまり、生き残った者を通じて、教会の歴史は、戦後へと受け継がれていく。

一方、住民や教会を巻きこんだ地上戦が闘われた南島はどうだったのだろうか。一九四〇年代にはいると、南島のキリスト教をとりまく周囲の状況はさらに悪化する。ことに、四二年のミッドウェー海戦以後、南島には本土防衛のため新たな軍事基地が建設されるようになった。また、四四年には、南島も頻繁に空爆されるようになり、喜界島や徳之島は特攻隊の中継地点となる。教会も、戦局の逼迫で、教会堂などが接収されるなど大きな打撃を受けることになった。

それに加えて、南島の場合には、信徒や牧師の日本本土や台湾への「疎開」という特殊な事情も加わってくる。こうして、教会や信徒を巻きこんだ地上戦の中の教会は、信仰の存立基盤が根こそぎ奪い去られてしまうことになった。つまり、四〇年代のできごとは、三〇年代に見られた教会・信徒に対する激しい攻撃とは違って、教会そのものが崩壊・解体、そして、消滅に向かっていく動きであった。

以下では、いくつかの事例を挙げながら、南島キリスト教史における戦前期の伝道の終焉について論じたい。

喜界島では、先述の通り（第3章第4節）、戦後の一九四七年、沖縄キリスト聯盟の仲里朝章が米軍チャプレンをともなって来島した際に、磐井静治などの信徒が出迎えた。つまり、戦時中の弾圧を超えて、この島の信徒集団は戦後も維持されていたのだった。これは、喜界島のホーリネス教会や大島のカトリック教会も同様だったが、これらの諸教会は、苛烈な弾圧を逃れて、一〇年以上もの間、伝道者不在の状態に耐えてきたのだ。

さて、喜界島でも、大島のカトリックに対する迫害と同時期に、軍官民一体となった教会への圧力と伝道活動の圧殺が行われていた。ところが、大島とは違い、喜界島の二つの教会（旧日基とホーリネス）に、外国人宣教師はいなかった。それでも、結局、両教会とも閉鎖を余儀なくされる。このような長期の伝道者不在と圧力による教会閉鎖は、いずれも、日本ではあまり見られないできごとであった。

ところで、この喜界島が軍事的戦略的要衝であることは、同島の百之台《ひゃくのだい》の絶壁の上に立つとよく分かる。そこからは、船舶が行き交う太平洋が見渡せる。その島に、一九三一年、海軍航空隊基地が建設され、それは一九四四年には特攻隊の中継基地となった。

基地建設後の一九三四年、喜界島の教会支援のため来島した旧日基鹿児島教会の番匠鉄雄は、伝道する先々で軍の圧力を強く感じた。そこで、大島の要塞司令部参謀に直談判を申しこんだが拒否される。それが原因となり、番匠は次に訪れた沖縄伝道の際に船中で拘束され、憲兵の取り調べを受けた。それればかりか、鹿児島帰任後も厳しい尋問を受けたという。(130)

また、教会があった大朝戸という内陸の集落にはしばしば憲兵隊が訪れたようで、「キリスト教は国賊的である」とか、「外国の宗教（キリスト教）を、日本で布教してもらっては困る」というようなことを盛んに触れ回ったという。(131) 結局、『喜界教会五十年の歩み』の一九三七年一二月二四日の項には、「警察より、基督教礼拝及び日曜学校禁止の命あり。教会を閉鎖す」(132)とあり、教会はその活動を停止した。

一方、ホーリネス教会も同様の経過で閉鎖を余儀なくされるが、さらに一九四二年以降、牧師の兼山常益が引き続いて厳しい弾圧を受ける。兼山の「我が家庭」という自叙によると、四二年六月二四日、喜界島警察の特高巡査二名が兼山宅を突然訪れて、検事総長命で家宅捜索を行った。(133) その際に、兼山所有のキリスト教や宗教関係の書籍約一〇〇冊が押収され、彼は二日間警察署に留置された。

兼山自身の政治信条はどちらかというと保守的で、皇室崇拝の傾向があったことも自叙からうかがえる。それでもこうした弾圧を受けたのは、いうまでもなく、これが日本本土における「ホーリネス弾圧」の一環だったからだ。このことは、前回述べた一九三六年の大島と喜界島における大本の「集団転向」とともに、日本本土における宗教や信仰の統制が、軍事化とともに南島にもおよんでいたことを示している。

また、兼山は一般島民にも人望が篤かったため、一九四三年に選挙で喜界村区長に選出される。しかし、翼壮により辞職勧告を突きつけられ、辞めざるを得なくなった。この件は、兼山が島内の由緒不明の無格神社には参拝すべきでないと発言したことが直接的な原因といわれているが、教会閉鎖後も、キリスト教の信徒・牧師に対する軍官民一体の排撃は続いていたのであった。

一方、徳之島では、一九二七年に、台風で亀津の教会堂が倒壊し、天城村《あまぎむら》岡前に移転した。しかしその近くに、一九四三年、陸軍浅間飛行場が建設され、特攻隊の中継基地となった。この頃、牧師は、軍部による圧力を受けて平土野《へとの》の医師・武原嘉豊宅に避難し、「天城独立伝道所」を名乗ったというが、活動の実態は不明である。[134] ちなみに、この岡前の教会堂跡地には、現在、カトリック教会が建っている。

このように弾圧を受けた教会は、喜界島にしろ、大島にしろ、また沖縄島にしろ、信徒数も多く、地域社会にしっかりと根づき、ある程度自立した教会であった。しかし、同様に島の軍事化に直面しながら、それとは違った経過をたどった例もある。つまり、それまで本土教団から人的物的支援を受けてきた規模の小さな教会は、弾圧を受けるまでもなく、軍事化による地域社会の激変で自壊していったのだ。

戦前、大島の名瀬にはホーリネスの教会があった。日本ホーリネス教団大島キリスト教会『宣教百周年記念誌』（同教会、二〇〇八年）によると、当時、この教会は、同地出身の小倉平一牧師が牧会していた。小倉は自宅を開放して集会を開いていたが、あるとき、台風で集会場が倒壊する。それを期に、小倉は夫婦協力して、独力で鉄筋のはいった教会堂を建てようとする。

もともとホーリネス教会は、伝道地での自給が原則で、小倉夫妻は、以後一五年間、土地を売り、夜業で大島紬を織りながら資金を得、材料を調達して建設を続けた。そのような生活の中で、夫人は一九四一年に過労死した。また、軍事化の進行による鉄材の徴発で、教会再建も建設中止に追いこまれた。現在の大島キリスト教会は、小倉夫妻が建設した壁に屋根を加えたものである。そして、小倉も、終戦の混乱の中、一九四五年八月一九日、過労によって死去した。その死は「餓死同然の殉教的な死」といわれている。

小倉平一

このような牧師の受難は、石垣島でも見られた。日本基督教団八重山伝道教会では、比嘉盛久牧師の東京転出にともなって、一九四二年一〇月、新垣信一牧師が首里教会より赴任する。しかし、沖縄戦が差し迫ってくると、牧師一家の生活は、極度に困窮した状態に陥る。つまり、「先生（新垣信一＝引用者〕の給料は打ち切られ、百合ちゃん〔新垣百合子＝引用者〕は家計を助けるために働く事になり、幸い近所の崎山用能《ようのう》さんのお世話で竹富村役場〔同役場は、当時の石垣町内にあった。＝引用者〕に勤める事になりました。先生は、渡久山《とくやま》姉宅の農作業を手伝い、芋や野菜を分けて貰い生活の足しになさいました」[135]という具合であった。新垣牧師は琉球讃美歌の優れた作者でもあり、南島全体の教会にとって得がたい存在だった。しかし、このような困窮した生活を送る中で、一九四五年八月二四日、マラリアに罹患し死去する。

　南島のキリスト教信仰の豊かさは、外からのさまざまな恵みを受け取り、それを自らの身の上と照らし合わせながら、それを染みこませていくことにあった。しかし、そのような交流が断たれると、信徒も伝道者も、物心両面で飢えや渇きに直面した。

佐久原好信

　先述の通り一九四一年の日本基督教団設立時、沖縄県には一七の教会があった。また、伝道者は一四名で、そのうち五名は日本本土出身であった。しかし、沖縄戦後に、この地域に残された伝道者は、沖縄島に佐久原好信《こうしん》牧師と老齢の親泊《おやどまり》仲規《ちゅうき》伝道師、石垣島に新垣信一牧師と、合計三名のみになっていた。

　それでは、その他一一名の伝道者は、どうなったのだろうか。これらのうちある者は、沖縄戦が始まるまでに、牧師を廃業し、他の職に就いた。また、野町良夫牧師（沖縄支教区長）のように、陸軍に徴兵され、南洋戦線に派遣された者もいた。佐久原好伝牧師（好信の父）は、戦場死したといわれている。

それ以外は、本土への疎開船の引率などの名目で、沖縄を離れた。沖縄戦間近になると、島外への民間人の疎開を進める政策がとられた。「敵性国家」の宗教であるとみなされたキリスト教の伝道者は、軍による監視下におかれた。それゆえに、伝道者たちは自らの意思に関わらず、軍から一時的に役割を与えられ、沖縄島から排除された。そして、信徒たちも、沖縄島の島外や北部に疎開し、教会から離れていった。

戦場の中の首里教会

このように「軍事化」した地域が戦場となることで、教会は、会堂を失い、信徒を失い、伝道者を失って、消滅・崩壊していったのであった。

こうして一旦消滅したかに見えた南島の教会であったが、沖縄島中南部で激戦が続いている最中の一九四五年四月末、早くも中城村字島袋にあった民間人捕虜収容所では、百数十名を集めて、チャプレンがキリスト教の集会を開いていたという。[136] そして、六月一〇日には、洗礼式も執行されたという。これらの人びとの中に戦前からの信徒がどれくらい含まれていたか、定かではない。

また、一九四〇年代末までに、大島、宮古島、石垣島、喜界島で、教会形成のための新しい、着実な動きが見られた。いずれも、教会は消滅し、信徒は四散していたが、米軍による軍事占領という新しい試練に直面した南島の人びとは、それまでの信仰を受け継ぎつつ、それを日々新たにしながら、たくましく、戦後の歩みを始めたのであった。

おわりに

本書執筆の背景には、昨今の在沖米軍基地問題、特に、米軍普天間基地の辺野古移転と高江のヘリパット建設、米軍兵士・関係者による犯罪と日米地位協定改正問題、さらには、「琉球独立論」がある。つまり、筆者のねらいは、南島キリスト教史を「自律的」に論じることであり、南島をとりまく、現代的な、また、政治的な課題と重ねあわせて、南島キリスト教史を構造化することであった。

南島キリスト教史の自律性を論じるならば、まず、これまでの日本キリスト教史（近代以降、プロテスタント中心）から、南島のそれを一旦切り切り離す必要があった。その切り離しの作業は、これまでの日本キリスト教史の教団・教派史中心の「一国伝道史」的歴史叙述と、その叙述を支えている「地方伝道史観」を克服することである。

こうして、筆者が、南島キリスト教史を分離しつつ、それと同時に行おうとしたのは、周辺の国家・地域を巡る南島キリスト教史の越境性を論じ、近代東アジア史、環太平洋の近代史へと位置づけていく作業であった。それは、国境をも越えた南島の信徒や伝道者の越境の軌跡を追い、伝道の実態を明らかにすることで可能になると考えた。そして、南島のキリスト教史を、帝国日本の近代史とその膨張過程における包摂的な東アジア近代史、そして、南洋群島やハワイ・北米などの環太平洋を巡る人口・労働力移動の近代史の文脈に位置づけていくことで、自律的な南島キリスト教史の叙述を試みてきた。

このような南島キリスト教史をフィールドとした「越境」と「自律」の研究上の試みについて、筆者は、戦後米軍占領下での沖縄キリスト教史研究を始めた一九九〇年代後半の時点で、問題意識を持ち始めていた。その頃から思いついていたいくつかの仮説については、本書の原点となる『福音と世界』誌上での「南島キリスト教史入門」の連載を通して次第に明らかになっていった。そして、その過程で新しい問題意識の自覚や発見も多くあった。

筆者が、そのような着想に至ったのは、これから述べる二つの研究上の体験があったからである。

その一つは、「東アジアキリスト教交流史」の構想であった。筆者は、南島キリスト教史研究の以前から、キリスト教史を伝道者や教派・教団の歴史だけではなく、信徒や求道者の歴史として叙述しようとしてきた。その端緒は、明治初年の岡山県高梁地域のキリスト教伝道と自由民権運動の交錯・連携の研究であった。その際に、地域社会におけるキリスト教伝道の歴史的実在をとらえるためには、日本キリスト教史の近代化論だけでは不充分で、地域の歴史的現実に応じた分析の枠組みが必要であることを痛感した。

序章で触れた「キリスト教交流史」という研究方法は、「越境」「地域」「学際」の三つの視座で成り立っている。まず、「越境」は、国家や行政区域の枠組みを超えて、キリスト教史を再構成することである。近代以降、帝国日本の形成にともなって、植民地や勢力圏（南洋や満洲）を超え、ハワイや北中南米への出稼ぎ移民などを巡り、頻繁な労働力の移動が生じる。それにともなって、伝道者や信徒・求道者たちも移動し、日本のキリスト教の伝道圏は拡大していく。近年のキリスト教史研究には、そのような「越境」に着目したものが見られるようになった。

次に、「地域」を形成し、維持し、発展させていくためにキリスト教がどのような役割を果たしてきたかに着目して、以下のように、南島キリスト教史を論じてきた。まず、従来のキリスト教史の基調であった教派史中心の歴史叙述から脱し、カトリックを含めた教派横断的な歴史を掘り起こしていく作業を続けた。つまり、従来の教派史的歴史叙述を「経糸」とすると、教派横断（越境）的なキリスト者の動向は「緯糸」に当たり、これらを一次史料、二次史料に依拠しながら編み上げていくことである。また、キリスト教が日本社会でも、南島でもマイノリティであることから、当該社会の非キリスト教団体や個人との関わりあい、つまり、対立と協働、反目と共感などに着目して、キリスト教が地域形成に果たした役割を析出しようとした。

最後に、南島に限らず、地域キリスト教史の実態と特徴を交流史的に明らかにするために、歴史学や思想史、民俗学や文化人類学、社会学、政治学などの手法も採りいれ、「学際」、つまり、隣接諸科学との学的交流や調査・研究の方法論を受容し、自律的方法論の構築を目指すことが必要である。

また、本書の着想のもとになったもう一つの研究上の体験は、以下に述べるように、すこし苦いものであった。

筆者は、京都大学人文科学研究所の共同研究「日本宗教史像の再構築」（班長：大谷栄一・佛教大学教授、二〇一四～一六年度）に、二〇一四年六月から参加した。また、二〇一六年八月には、「日本宗教史懇話会」で発表の機会を与えられた。この「懇話会」は、前身の「日本宗教史研究会」（一九六五年発足）から五〇年以上の歴史を持つ研究会で、古代から近代まで、また、神道、仏教、新宗教を対象とする歴史研究者の集まりであった。そこで直面したのは、「日本宗教史」研究の枠組みからキリスト教史が無視されている現実であった。

初期の「日本宗教史研究会」では、一時期、キリスト教史の研究者である大濱徹也氏が深く参画しておられたが、それ以降は、キリスト教史研究者の参加はほとんど見られない。また、「日本宗教史像の再構築」研究会に参加していた三四名の研究のうち、キリスト教史研究の看板を掲げているのは、筆者のみであった。研究会は、「仏教班」、「新宗教班」、「民間信仰班」に分かれていたが、キリスト教史は「新宗教班」に間借りするしかなかった。これは、ある意味で、筆者にとって屈辱的なことでもあった。

近年の近代仏教研究の進捗は、目を見はるものがある。また、新宗教や民間信仰の研究については、民俗学、文化人類学、社会学、思想史、そして、教育学や心理学などの分野にまたがる研究者層は、とても裾野が広く厚い。そして、他宗教の歴史研究者はいずれも若く、生き生き、のびのびと研究し発言していたのも、印象的であった、

そのような研究者たちのアップデートされた研究に触れることは、とても刺激的なことであった。例えば、日本において、近代初頭にあらゆる宗教が体験した「近代化」と信仰との関わりについての多角的な研究にふれることで、日本キリスト教史における「近代化論」の主張が、いかに平板で実態をふまえないものであるかを感じることができた。それは、筆者が、大学院生時代に行った備中高梁のリバイバルと迫害の研究で体感していたことでもあった。当時の高梁では、民衆的キリスト教に内在する非近代・脱近代・反近代的な思考と行動が「幻」などではなく、同時期のほとんどの宗教に共通する心性であった。そのことを今回の南島キリスト教史研究でも改めて実感した。

また、他宗教を対象とする若い歴史研究者が分野横断的にネットワークを構築し、トランスナショナルな視点を持つことで対話を成立させていることは、自己の研究姿勢を正すものでもあっ

た。そして、それらの研究者は、「『宗派史』的分断や『一国史』的分断を克服し、日本宗教史像を総合的・包括的に展望する視野を構築する」[137]ことを夢見て、それを実現させようとする力を持っていた。その力は、本書における「越境」の視点へと引き継がれている。

近代化によって、利益ではなく不利益を被り、資本主義化と植民地化によって暴虐にさらされることになった階層・地域に受容され、広がったキリスト教信仰は、近代日本の上層に受け入れられたそれとは、たとえ同一教派であっても、本質的に違っている。事実として、近代以降、南島を含む日本のキリスト教は、従来論じられてきた社会の上層に受け入れられただけではなく、社会の中・下層の民衆にも受容されていた。しかし、そのような歴史は省みられることがなく、日本においてキリスト教信仰が広がらない理由にさえされていた。南島のキリスト教には、そのような「神話」をくつがえす可能性があると確信している。

近代化（今日的用語で言うと「グローバル化」）の暴力にさらされ、その「影」の部分を負った南島地域に受容されたキリスト教信仰の実態を歴史的に明らかにすること。そのことが可能であれば、先に述べた自律的な南島キリスト教史の歴史叙述は現実性を帯びてくる。また、このような視座を援用することで、「一国伝道史」と教派史中心の「地方伝道史観」の枠に閉じこめられてきた日本各地のキリスト教史を解放し、それぞれの自律的な地域キリスト教史を構築する手がかりになるのではないかと思う。

こうした意味で、日本を含む東アジアの諸国・諸地域でキリスト教交流史を志す研究者と、南島地域の沖縄や奄美のキリスト教史に興味を持ち、持続的に研究する研究者を、筆者は待望している。

本書は、二〇一四年から一六年にかけて『福音と世界』誌上に連載した「南島キリスト教史入門――奄美・沖縄・宮古・八重山の近代とキリスト教」（全二五回）がもとになっている。実は、その年の四月、筆者は、帝京科学大学に赴任したが、その際、新教出版社の小林望さんから連載のお話しをいただだいた。それが、本書の出発点である。そして、一六年四月、筆者は同大学に新設された医療科学部医療福祉学科のスタッフになった。

基本的に「理科系」中心の大学であるが、筆者は、生命倫理や哲学、法学関係の教養科目の講義を担当するとともに、人権や日本の社会福祉史、死生学などの専門科目も担当している。それらの講義科目は、本書の内容、つまり、筆者の研究課題とは、余り関係ないように思えるだろう。しかし、筆者は、それらに一貫性があると思っている。

教員として学生たちと接するうちに、ときに、学生たちの中に、深い闇を垣間見ることがある。その闇とは、家族や友人たちの間でこじれた人間関係、家庭・大学・社会で持続的に直面する見えづらい暴力、相対的貧困に起因している。こうして、これまでに、自らの尊厳を踏みにじられ、心身ともに傷つけられているにもかかわらず、学生たちの多くは、「誰からの力になりたい」、

「困っている人たちを助けたい」と福祉を志している。そのひたむきな姿に向きあうたびに、「民衆キリスト教」を探究する自らの研究姿勢を洗われるような気持ちになる。

また、これまで、近代以降、戦後にかけての南島キリスト教史の研究を筆者が続けることができたのは、実に多くの人にお世話になったからである。ここでは、本書に直接関わりがある方々について言及したい。

まず、日本キリスト教団首里教会信徒であった真栄平房敬氏である。真栄平氏からは本書の序章で述べたベッテルハイムの孫、ベス・プラット夫人の来沖について貴重な史実を証言していただいた。その他、戦後の沖縄キリスト教史についても、筆者の取材に応じていただいた。真栄平氏は上記『福音と世界』連載中の二〇一五年四月に帰天された。真栄平氏に本書をお見せできなかったのは、痛恨の極みである。

次に、喜界島では、日本ホーリネス教団喜界キリスト教会の羽佐田弘・羽佐田紀子牧師御夫妻に、初代牧師の兼山常益について貴重な史料を提供していただき、大変感謝している。また、弘牧師には、喜界島の島内を案内していただいた。その際、旧日基の喜界教会の最初の所在地である大朝戸で、弘牧師が車の中からゆくひとすべてに挨拶をされていた。そこに、その島で伝道することの意義やキリスト教の存在感を再認識した。

そして、徳之島では、日本キリスト教団徳之島伝道所の三和武夫牧師にいろいろご教示をいただき、島内を案内していただいた。その際、徳之島の住民の性質と地域が抱える諸問題について話していただき、そのような地域的課題に教会がどのように取り組むことができるかについて、三和牧師の実践から重要な示唆を得た。

さて、最後に、私事であるが、本書の執筆中二〇一七年三月初旬、父・一色功《こう》の死を体験した。中学校の体育教師であった父は、息子である筆者がクリスチャンになったこともはっきりとは知らず、息子の研究についても特段関心があるようには思えなかった。

そんな父から、バレーボールという競技を通じて知り合いになった「沖縄の稲福さん」のことを、筆者はよく聞かされてきた。時代からして、父が「稲福さん」と親交を結んだのは、沖縄が米軍占領下におかれていたときだったと推察する。筆者は、その「稲福さん」を通して、まだ見ぬ沖縄に思いを馳せてきた。まさに、筆者の沖縄への関心の原点の一つに、父の「稲福さん」についての語りがあったことは確かである。

筆者は、二月末、父の危篤の知らせを調査地である沖縄・那覇で聞き、故郷・松山に急遽戻ることになった。そして、その病床にあるときから、物言わぬまま、一切の気配を消すように、静かに逝った父の静謐な生き方と、その明るかった表情に、南島の「民衆」の生き方と現況を重ねてみたりもする。

二〇一七年三月　東京・八王子にて

一色哲

〔追記〕

本研究は、日本学術振興会学術研究助成基金助成金（科研費）基盤研究（C）「南島におけるキリスト教ネットワークの形成とその展開に関する交流史的研究」（課題番号：二四五二〇〇七三、二〇一二〜一六年度）、および同「南島キリスト教伝道圏の形成と福音的信仰の浸潤についての交流史的研究」（課題番号：一七K〇二三三二、二〇一七〜二一年度）の助成を受けた成果である。

注

（1）「南島」が示す領域について定まった定義はないが、本書では奄美・沖縄・宮古・八重山の各群島全体を指すことにする。本書前付け地図参照。

（2）本書では、特に断りがない限り、「日本」と記述した場合には「南島」、あるいは、「沖縄」「奄美」などを含まないものとする。「日本人」についても同様とする。

（3）これは、あくまでも『キリスト教年鑑』に掲載された統計上の数字から算出したものである。

（4）ここで参考にしたのは、以下の二つの論考である。仲松実「琉球に来た宣教師たち 1〜6」（『琉球新報』一九八三年四月二四日〜三〇日）、真栄平房昭「鎖国形成期のキリシタン禁制と琉球―徳川政権のマニラ出兵計画の背景―」（箭内健次編『鎖国日本と国際交流 上巻』吉川弘文館、一九八八年）。

（5）薩摩藩は、この他に、琉球王国内の一向宗（浄土真宗）に対しても禁教政策をとった。

（6）以下の論述は、拙稿「ベッテルハイムと沖縄」（『キリスト教史学』第六三集、二〇一〇年七月）をもとにしている。

（7）阪谷の父・朗廬《ろうろ》は、幕末・維新期の岡山で興譲館を主宰し、キリスト教徒を含んだ自由民権運動のネットワークに影響を与えた。また、芳郎が養育した良之進は、後に首里城の修復を手がけ、戦前の沖縄に関わりを持つことになった。

（8）「伯徳令」とはベッテルハイムのこと。
（9）拓本については沖縄県立図書館貴重資料デジタル文庫（http://archive.library.pref.okinawa.jp/?p=2779）で見ることができる。
（10）彼は、戦後の沖縄キリスト教界の中心人物であった仲里朝章の義父である。
（11）この《統合と分断》を初めとして、《包摂と切断》、《依存と自立》、そして、《単一イメージによる周縁化》は南島のキリスト教を交流史的に理解する上で重要である（拙稿「沖縄理解のための方法と課題―戦後沖縄キリスト教史から学んだこと―」『福音と世界』二〇〇五年一二月号）。
（12）仲泊良夫『医師　仲地紀仁』（私家版、一九六八年）に所収。
（13）喜山荘一『奄美自立論――四百年の失語を越えて』（南方新社、二〇〇九年）。
（14）これは、近代以降の沖縄に対するサトウキビのモノカルチャー化による経済的支配の原型と見られる。
（15）木ノ脇悦郎「『奄美大島におけるキリスト教受容とその展開の研究』序説」（『キリスト教主義教育』第二四号、一九九六年三月）。
（16）宮下正昭『聖堂の日の丸――奄美カトリック迫害と天皇教』（南方新社、一九九九年）。
（17）田代俊一郎『原郷の奄美――ロシア文学者昇曙夢とその時代』（書肆侃侃房、二〇〇九年）。
（18）明治政府は、清国政府に対して、清国が中国国内で日本に欧米並みの通商権を保障する代わりに新沖縄県を分割し、先島（宮古・八重山）群島を清国領とする提案をした。これに対して、清国は、沖縄諸島に限定して琉球王国を復活させる逆提案をした。
(19) 第二代県令の上杉茂憲が離任（更迭）時、県に託した私財一五〇〇円を原資にした奨学金制度。
(20) この時期の各教派の呼称は時代によって変遷しているが、本書では、便宜上、正式名称ではなく、略称を用いることにする。
(21) 沖縄バプテスト連盟『宣教の歩み―沖縄バプテスト八十年史―』（キリスト新聞社、一九七三年）。
(22) 石川政秀『沖縄キリスト教史―排除と容認の軌跡―』（いのちのことば社、一九九四年）。
(23)『琉球新報』一八九九年七月五日。
(24) 伊波普猷「序に代へて―琉球処分は一種の奴隷解放なり―」（喜舎場朝賢『琉球見聞録』至言社、一九七七年）。
(25) 生産力に関係なく、十五～五十歳までの男女に、一定の割合で課税された。
(26) 人頭税廃止は一八九五年に帝国議会で決議され、一九〇三年に廃止された。
(27) 農民が共同管理する山林のこと。農民たちは杣山に自由にはいって、薪などの燃料を集めていた。
(28) 謝花は、第一回県費留学生として帝国大学農科大学（後の東京帝国大学農学部）に学び、帰沖後は県の農業技師となっていた。
(29) 日本でも、民権運動とキリスト教伝道が連携した地域は、いくつもある。
(30) 戦前期、シュワルツなどの紹介で、沖縄の伝道者の多くが、男女に関わらず、鎮西学院や治水女学院に学んでいる。
(31) H・B・シュワルツ(島津久大・長岡祥三訳)『薩摩国滞在記』(新人物往来社、一九八四年)八七―一一九頁。なお、原著は、一九〇八年刊行。
(32) 沖縄キリスト教協議会『沖縄キリスト教史料』(いのちのことば社、一九七二年)。
(33) 戦後の荒廃の中で生き残った信徒により再建された沖縄の教会の特徴を「信徒の教会」という(日本基督教団沖縄教区『27度線の南から―沖縄キリスト者の証言―』日本基督教団出版局、一九七一年)。
(34) 日本キリスト教団読谷教会『主と歩む八十年――歴史資料集　第1号』(同教会、一九八七年)。
(35) 松田定雄「歴史　読谷教会」(沖縄キリスト教団『道しるべ』第二七号、一九六二年四月)。
(36) 前掲『主と歩む八十年』、三頁。
(37) 同右、四頁。
(38) シュワルツの証言では、一九〇三年、大阪の内国勧業博覧会に出張中の保彦が、「基督教伝道館」の看板を見て求道心を起こし、村井牧師を紹介されたとある。
(39) 琉球新報社編『時代を彩った女たち―近代沖縄女性史―』(ニライ社、一九九六年)。
(40) 隅谷三喜男『近代日本の形成とキリスト教』(新教出版社、一九六一年)、八〇頁。
(41) 前掲『主と歩む八十年』、二六―三〇頁。
(42) 松田定雄「歴史　読谷教会(四)　第一期迫害時代」(沖縄キリスト教団『道しるべ』第三二号、一九六二年一〇月)より。

(43) 前掲『主と歩む八十年』、四四頁。このできごとは、記述の内容から一九一〇年頃ではないかと思われる。
(44) 松田定雄「歴史　読谷教会（五）第二期迫害時代」（前掲『道しるべ』第三三号、一九六二年一一月）より。
(45) 『伊波普猷全集　第十一巻』（平凡社、一九七六年）に所収。
(46) ここでの普成の足取りは、仲程昌徳『伊波月城―琉球の文芸復興を夢みた熱情家―』（リブロポート、一九八八年）による。
(47) 伊波月城「机上余瀝」（『沖縄毎日新聞』一九一一年四月八日）。
(48) 比屋根照夫『アジアへの架橋』（沖縄タイムス社、一九九四年）。
(49) 比屋根照夫「月城伊波普成小論」（同『近代日本と伊波普猷』（三一書房、一九八一年）に所収）。
(50) 渡口真清「伊波先生と教会の人々」（『伊波普猷全集　月報10』（平凡社、一九七六年三月）に所収）。
(51) 金城芳子『なはをんな一代記』（沖縄タイムス社、一九七七年）。
(52) 同右、一六四頁。
(53) 伊藤るり「一九二〇～三〇年代沖縄における『モダンガール』という問い―植民地的近代と女性のモビリティをめぐって―」（『ジェンダー研究』第九巻、二〇〇六年三月）。伊波の優生思想は、禁酒運動の中にも見られる。
(54) この小説は三〇〇回ほど連載されたというが、戦争により同紙が焼失したため、現在、読むことはできない。

(55) 新垣美登子『那覇女の軌跡―新垣美登子85歳記念出版―』(潮の会、一九八五年)。

(56) 琉球王国時代の「親方《うぇーかた》」などの高位士族の邸宅を指す。転じて、「家」の呼称にも使用された。

(57) 与那城勇「ヌール殿内のおばあさん」(同『琉球エデンの園物語』(琉球エデン会、一九七四年)に所収)と嶺井百合子『楽《らく》ん苦《くる》しみん―嶺井百合子回想記―』(若夏社、一九九七年)。

(58) 嶺井は、戦前、伝道者の妻となり、戦後は沖縄民政府社会部婦人課で女性をめぐる諸問題の解決に取り組んだ。また、ひめゆり同窓会の一員として「ひめゆり平和祈念資料館」の建設に奔走した。

(59) 比屋根照夫「沖縄ディアスポラの思想―比嘉静観の宗教運動とその展開―」一〜三(『みすず』四三(七、九、一〇)二〇〇一年七、九、一〇月)ではハワイの比嘉静観らについて論じている。また、比屋根「羅府の時代―宮城與徳と南加青春群像―」一〜五(『新沖縄文学』No.八九〜九三、一九九一年九月〜一九九二年一〇月)では、米国ロスアンジェルスに渡った宮城与徳・屋部憲伝などについて論じている。本稿は、これらの比屋根論文を参照している。なお、本稿はこれら比屋根の論考の成果によるところが大きい。

(60) この頃の憲伝は、キリスト教やクリスチャンに対しては激しい批判を加えるが、イエス・キリストを批判することは決してなかったという(野本一平『宮城与徳―移民青年画家の光と影―』沖縄タイムス社、一九九七年)。

(61) 『沖縄タイムス』一九八五年六月二七日。

(62) 比屋根前掲「沖縄ディアスポラの思想」二一、三二—三六頁。
(63) 高岡善成監修・松田清編『徳之島先駆者の記録』(徳之島の先人を偲ぶ会、一九九九年、WEB版＝http://www.sokuhou.co.jp/library/tokunoshima/tokunoshima01.html)。ここには、徳之島出身者だけでなく、他所から島に来て活躍した人物も含まれている。
(64) 『亀津教会史』一七頁。
(65) 木ノ脇悦郎「奄美大島におけるキリスト教受容とその展開の研究(3)—プロテスタント教会の宣教—」(『キリスト教主義教育』第二六号、一九九八年三月)、六—七頁。
(66) 松本は、茨城県の出身で、一九〇八年には北海道の岩内で正教会の司祭をしていた記録がある。また、東洋伝道隊の出身とも、内村鑑三と親交があったともいわれている(『亀津教会史』九七頁)。
(67) これら教会の解体過程については、第5章第3節で論じる。
(68) 宮古島は八つの有人島などからなる宮古群島の主島で、人口は約四万六、〇〇〇人。また、二〇〇五年の市町村合併により、近辺の諸島を含めて宮古島市となっている。
(69) 実数はこれよりも少ないと見られる。
(70) 「アラガマ」は、「〈このくらいのことで負けるか〉という気合入れと、〈これしきのこともできない(またわからない)のか〉と挑発的に使う」(『沖縄大百科事典 上巻』(沖縄タイムス社、一九八三年)、一二二頁)。「ワイドー」は「耐えろ」「頑張れ」といったニュアンスのことば。
(71) 仲宗根將二『宮古風土記〈上巻〉』(おきなわ文庫、一九九七年)、三七—三八頁。

(72) 同右、三九頁。

(73) 山内朝隆「島に落ちし一粒の麦―宮古最初の信徒―」(宮古南静園『南の星』一九四九年一二月号)。

(74) 川平朝清「思い出す人、そして思い出すこと」(日本キリスト教団沖縄教区『戦さ場と廃墟の中から―戦中・戦後の沖縄に生きた人びと―』同教区、二〇〇四年)、八七頁。

(75) 「島司《とうし》(嶋司)」とは、勅令によって指定された島嶼地域を府県知事の指揮・監督を受けて管轄し、行政事務を担当した奏任官。

(76) 『日本基督教会鎮西中会記録』(新教出版社、一九八〇年)、四〇六頁。

(77) 一八七八年八月一日、新潟県見附市生まれ。一九二二年に沖縄に来県。一九二七年、メソジストの那覇教会で伊東平次より妻とともに受洗。戦後は、四六年から五一年まで現在の国立療養所沖縄愛楽園(現名護市)の所長を務めた。一九五二年に死去するが、遺骨は愛楽園の納骨堂に安置されている。また、妻のリウとともに、戦後、沖縄キリスト聯盟の伝道者としてコザ(現沖縄市)近辺で伝道に当たっている。

(78) 前掲『沖縄キリスト教史料』、一九四頁。翌年四月にも乙部の伝道で二〇名の受洗者を得た。

(79) 同右。

(80) 『宮古南静園創立七〇周年記念誌』(国立療養所宮古南静園、二〇〇一年)、六四―六五頁。

(81) 上原信雄『阿檀の園の秘話―平和への証言―』(上原歯科医院、一九八三年)、二六九―二七四頁。

(82) 前掲『沖縄キリスト教史料』、一九五頁。
(83) 兼山は自らの俸給で妹を東洋英和女学校に、甥を青山学院に通わせている。
(84) 兼山は、当時、軍人か警官でなければ当該地区に入域できなかったと手記に書いている。
(85) 番匠鉄雄「思いで」(日本基督教団鹿児島教会『主のかいなにいだかれて―創立100周年記念誌―』同教会、一九八一年)、二九頁。
(86) 『先島新聞』(一九一七年創刊)、『八重山新報』(二一年創刊)、『先島朝日新聞』(二七年創刊)がそれであり、三〇年代には『八重山民報』(三二年創刊)、『海南時報』(三五年創刊)が創刊されている。いずれも、石垣市立図書館などに所蔵。
(87) 一九二〇年の石垣村の人口は約一万三、〇〇〇人であるから、この日は、全村民の約一〇分の一が集まったことになる。
(88) 『日本メソヂスト教会第十六回西部年会記録』(一九二三年)。
(89) 植村正久、内村鑑三、田村直臣、そして、松村介石。
(90) 玉代勢秀子「日曜学校の思い出」(前掲『燈台』に所収)、五六頁。なお、本文では、その伝道者の名前を「コーラス」としているが、筆者はそれをコールスと推定している。
(91) 「比嘉盛仁より金井為一郎への手紙」(『日本基督教団史資料　第三巻』(日本キリスト教団出版局、一九九八年)に所収)、三四〇―三四二頁。
(92) 前掲『燈台』には「花木長平(大浜長平)」とあり、『沖縄キリスト教史料』には「花城」と「花木」の両方の表記が混在している。

（93）宮良用善「伝道教会建設に至る経過報告」（前掲『燈台』、七頁）。
（94）玉代勢秀子「神の愛に今を生きて」（前掲『燈台』、二八頁）。
（95）前掲『沖縄キリスト教史料』、二五頁。
（96）崎山は、後に、九州・小倉の税務官であった識名《しきな》信邦《しんぽう》と結婚し、信邦は姓を「崎山」に改める。また、西表島の「忘勿石」の由来となった波照間島の小学校長・識名信升は、信邦の実兄。信邦は、戦後、八重山民政府を経て、政治家となる。しかし、琉球立法院の選挙に敗れ、伝道者に転身し、開拓伝道によって平真《へいしん》教会を建てた。
（97）「仲里氏岡田姉の送別午餐会」。なお、筆者は、二〇〇八年一一月に倉橋康夫牧師（当時）の許可を得て、富士見町教会で史料調査を行った。以下は、その成果である。
（98）植村は、一九二五年一月八日に死去している。また、この沖縄訪問の様子は、佐波亘編『植村正久と其の時代　第三巻』（教文館、一九三八年）の三六三～三六八頁に述べられている。
（99）比嘉盛久「戦前の沖縄に於ける基督教の歴史」（前掲『沖縄キリスト教史料』に所収）、一五頁。
（100）ここからの記述は、（石川政秀）「日本基督教団那覇中央教会小史」（日本基督教団沖縄教区那覇中央教会編『日本基督教団那覇中央教会創立百周年記念誌』同教会、一九九八年）による。
（101）比嘉前掲論文、一四頁。
（102）同右。
（103）佐波亘前掲編書、三五六頁。
（104）大城実「廃墟の中から信徒伝道者の軌跡」（前掲『27度線の南から』に所収）。

(105) 石川政秀「仲里朝章先生略伝」(石川編『仲里朝章遺稿集　伝記』、仲里朝章顕彰会、一九七四年に所収)。

(106) 拙稿「米軍占領下における沖縄キリスト者の思想形成―一九四〇年代後半の仲里朝章を中心に―」(東ＡＳＩＡ宗教文化学会『東ＡＳＩＡ宗教文化研究』創刊号、二〇〇九年七月)。

(107) 前掲『沖縄キリスト教史料』所収。

(108) 盛久によると「副牧師に就任」とあるが(前掲『沖縄キリスト教史料』二八頁)、牧師であった金井の日記(『金井為一郎著作集　第3巻』キリスト新聞社、一九七七年)によると、一九四二年六月一四日には「神学生比嘉盛仁君」とあり、四五年八月五日の記述で初めて副牧師となっている。

(109) 詳しくは、拙稿「軍事占領と地域教会―一九五〇年代中盤の沖縄教会を事例に―」(『キリスト教史学』第五七集、二〇〇三年七月)参照のこと。

(110) 現在、沖縄県では、約三〇の教派が伝道しており、多数の単立教会もある。主要教派とは、バプテスト連盟と、日本基督教団、日本聖公会、それにカトリックである。

(111) 「琉球讃美歌」は、沖縄民謡の旋律に琉球語で信仰をあらわす歌詞をつけたものと、讃美歌の旋律に琉球語の歌詞をつけたものがある。

(112) 照屋寛範「回顧六〇年　(二)」(『沖縄バプテスト』(第一〇五号、一九六四年)一〇月一五日)。

(113) 伊波盛次郎(小禄バプテスト教会牧師)「戦前戦後の照屋先生の働き」(沖縄バプテスト連盟『召天20周年記念　恩寵の回顧　照屋寛範牧師の伝道の足跡』(同連盟、一九八八年)に所収)、二三頁。
(114) 伊波前掲論文、二四頁。
(115) 「南洋伝道団」については、西原基一郎「日本組合教会海外伝道の光と影(2)―南洋伝道団について―」(『基督教研究』第五一巻一号、一九八九年一二月)に詳しい。本論の以下の記述は、この西原の論文によるところが大きい。
(116) 照屋寛範「回想六〇年」(『沖縄バプテスト』(第一〇七号、一九六四年一二月一五日)。
(117) 西原前掲論文、一一八―一一九頁。
(118) 「照屋寛範先生のご講演」(比嘉盛久「戦前の沖縄に於ける基督教の歴史」(前掲『沖縄キリスト教史料』に所収)一四―一五頁)。
(119) 前掲『27度線の南から』に所収。
(120) 川平前掲論文、四一頁。なお、戦後、この組織は、一九四六年に設立(四七年設立説有り)された「沖縄キリスト聯盟」とは直接関連性のない、全くの別組織である。
(121) 服部前掲『沖縄から筑豊へ』、一五頁。以下の記述も、これによる。
(122) 同右、一五―一六頁。
(123) この人物は、山城秀正と思われる。山城は首里出身で、戦後もハワイから沖縄の戦後復興のために救援活動を行った。また夫人の山城みさは、夫の死後沖縄に帰り、沖縄キリスト教会の理事や婦人部長などを務めた。
(124) 中村文哉「沖縄MTLの発足と青木恵哉」(『山口県立大学学術情報』第八巻〔社会福祉学部紀

要　通巻第二一号）、二〇一五年三月）、一一一―一一五頁。

(125) 服部『沖縄から筑豊へ』、二七頁。

(126) このほかに、鹿児島短期大学付属南日本文化研究所編『鹿児島県立図書館奄美分館所蔵旧奄美高等女学校調査報告書―大島女学校の設立と廃校について―』（同研究所、一九八八年）、平義治編著『奄美宣教百周年記念資料誌　(1)宣教師達の働き（長崎司教区・鹿児島知牧区の頃）―サンタ・マリアの島のカトリック教会―』（渕上印刷、一九九一年）などがある。

(127) 「米川基」は、カナダ管区フランシスコ会の宣教師カリキスト・ジェリナ神父が日本に帰化して名乗った姓名。

(128) 徐玄九「奄美におけるカトリック排撃運動」（法政大学沖縄文化研究所『沖縄文化研究』第三七号、二〇一一年三月）。

(129) 宮下正昭は、前掲『聖堂の日の丸』の冒頭で、一九八八年、大島の宇検村久志で起こった「無我利道場」排斥運動に言及し、その運動と戦前のカトリック教会排斥運動を重ねて見ているカトリック信徒の証言を紹介している。

(130) 番匠前掲「思いで」、六―七頁。

(131) 前掲『喜界教会五十年の歩み』、一四三―一四四頁。

(132) 同右、二三頁。

(133) ホーリネス系教職者一斉検挙の二日前。

(134) 『亀津教会史資料』より。

(135) 西平百合子「父新垣信一と共に」(前掲『燈台』)、四二頁。

(136) 比嘉太郎編著『移民は生きる』(日米時報社、一九七四年)、一六三頁。

(137) http://www.zinbun.kyoto-u.ac.jp/religious_histories/研究の目的・意義・成果/

図版出典

49頁　原三千之助　沖縄バプテスト連盟編『宣教の歩み——沖縄バプテスト教会八十年史』（キリスト新聞社、一九七三年、口絵）

50頁　長野忠恕　渡久山朝章著『一粒の麦』（日本キリスト教団読谷教会、一九八七年、口絵）

51頁　村井競　渡久山朝章著『一粒の麦』（日本キリスト教団読谷教会、一九八七年、口絵）

62頁　ヘンリー・シュワルツ宣教師　渡久山朝章著『一粒の麦』（日本キリスト教団読谷教会、一九八七年、口絵）

71頁　戦前の日本バプテスト読谷山教会　『歴史資料集第1号 主と歩む八十年』（日本キリスト教団読谷教会、一九八七年、口絵）

76頁　比嘉保彦・トル　渡久山朝章著『一粒の麦』（日本キリスト教団読谷教会、一九八七年、口絵）

82頁　神山本淳　『歴史資料集第1号 主と歩む八十年』（日本キリスト教団読谷教会、一九八七年、口絵）

91頁　沖縄組合教会と女性たち　古堅宗伸編著『方言・民謡 琉球讃美歌 付 箴言・俚諺』（燦葉出版社、一九九二年、2頁）

94頁　富原初子　外間米子監修『近代沖縄女性史 時代を彩った女たち』（琉球新報社編　一九九六年、76頁）

94頁　伊波冬子　外間米子監修『近代沖縄女性史　時代を彩った女たち』（琉球新報社編　一九九六年、120頁）
96頁　新垣美登子　外間米子監修『近代沖縄女性史　時代を彩った女たち』（琉球新報社編　一九九六年、132頁）
96頁　玉城オト　外間米子監修『近代沖縄女性史　時代を彩った女たち』（琉球新報社編　一九九六年、112頁）
98頁　大城カメ　渡久山朝章著『一粒の麦』（日本キリスト教団読谷教会、一九八七年、口絵）
99頁　佐久原好伝『歴史資料集第1号　主と歩む八十年』（日本キリスト教団読谷教会、一九八七年、口絵）
109頁　大保富哉『徳之島亀津教会史資料』（日本キリスト教団徳之島伝道所　一九九七年、口絵）
114頁　紀秀照『歴史資料集第1号 主と歩む八十年』（日本キリスト教団読谷教会、一九八七年、口絵）
124頁　兼山常益『大島キリスト教会宣教百周年記念誌』（日本ホーリネス教団大島キリスト教会、二〇〇八年、4頁）
131頁　晩年の磐井静治『喜界教会五十年の歩み　付　磐井先生の憶い出』（喜界教会五十年誌刊行会、一九六六年、186頁）
135頁　番匠鉄雄『喜界教会五十年の歩み　付　磐井先生の憶い出』（喜界教会五十年誌刊行会、一九六六年、1頁）
142頁　伊波南哲『記念誌 伊波南哲の世界』（「伊波南哲の世界」刊行委員会、一九九八年、153頁）
142頁　伊波南哲自叙伝『故郷よさらば』　伊波南哲著『故郷よさらば』（雄文社、一九七四年）

147頁　八重山日本基督教会創立記念　日本キリスト教団八重山中央教会65年記念誌『燈台』（日本キリスト教団八重山中央教会、一九九二年、口絵3頁）
149頁　新垣信一　古堅宗伸編著『方言・民謡 琉球讃美歌 付 箴言・俚諺』（燦葉出版社、一九九二年、2頁）
153頁　那覇日本基督教会員　佐波亘編『植村正久とその時代 第三巻』（教文館　一九三八年、364頁）
157頁　那覇日本基督教会会堂全景　佐波亘編『植村正久とその時代 第三巻』（教文館　一九三八年、367頁）
147頁　比嘉盛久　日本キリスト教団八重山中央教会65年記念誌『燈台』（日本キリスト教団八重山中央教会、一九九二年、口絵1頁）
161頁　仲里朝章　石川政秀編『仲里朝章遺稿集・伝記』（仲里朝章顕彰会、一九七四年、口絵）
168頁　那覇バプテスト教会　沖縄バプテスト連盟編『宣教の歩み――沖縄バプテスト教会八十年史』（キリスト新聞社、一九七三年、口絵）
171頁　首里城東バプテスト教会と照屋寛範　沖縄バプテスト連盟編『宣教の歩み――沖縄バプテスト教会八十年史』（キリスト新聞社、一九七三年、口絵）
175頁　沖縄ＭＴＬメンバー　石川政秀著『沖縄キリスト教史――排除と容認の軌跡』（いのちのことば社、一九九四年、口絵）
178頁　青木恵哉　石川政秀著『沖縄キリスト教史――排除と容認の軌跡』（いのちのことば社、一九九四年、306頁）
179頁　嵐山癩保養所設置反対運動（「嵐山事件」）　石川政秀著『沖縄キリスト教史――排除と容認の軌

跡』（いのちのことば社、一九九四年、309頁）
181頁　沖縄ＭＴＬ相談所　服部団次郎著『沖縄から筑豊へ――その谷に塔を立てよ』（葦書房、一九七九年、口絵）
181頁　名護幼稚園　服部団次郎著『沖縄から筑豊へ――その谷に塔を立てよ』（葦書房、一九七九年、口絵）
185頁　大島高等女学校と戦前の天主堂　小坂井澄著『ある昭和の受難「悲しみのマリア」の島』（集英社、一九八四年、159頁）
186頁　十字架が切り落とされた名護聖心教会　宮下正昭著『聖堂の日の丸――奄美カトリック迫害と天皇教』（南方新社、一九九九年、314頁）
194頁　小倉平一『大島キリスト教会宣教百周年記念誌』（日本ホーリネス教団大島キリスト教会、二〇〇八年、3頁）
195頁　佐久原好信『歴史資料集第1号　主と歩む八十年』（日本キリスト教団読谷教会、一九八七年、口絵）
196頁　戦場の中の首里教会　石川政秀著『沖縄キリスト教史――排除と容認の軌跡』（いのちのことば社、一九九四年、口絵）

ま行

は行

な行

た行

さ行

か行

索　引

著者紹介

一色　哲（いっしき・あき）

1961年生まれ。大阪大学大学院文学研究科（日本学専攻）博士後期課程修了。博士（文学）。現在、帝京科学大学医療科学部医療福祉学科教授。著書等に、学位論文「近代日本地域形成史の研究」（大阪大学大学院文学研究科、1997年）、同志社大学人文科学研究所編『石井十次の研究』（共著、同朋社、1999年）、天理大学おやさと研究所編『戦争と宗教』（共著、同研究所、2006年）、直江清隆・越智貢編『高校倫理からの哲学』（シリーズ、共著、岩波書店、2012年）、直江清隆編『哲学トレーニング　2社会を考える』（共著、岩波書店、2016年）などがある。

シリーズ **神学への船出 04**

南島キリスト教史入門

奄美・沖縄・宮古・八重山の近代と
福音主義信仰の交流と越境

2018年5月30日　第1版第1刷発行

著　者……一色　哲

発行者……小林　望
発行所……株式会社新教出版社
〒162-0814 東京都新宿区新小川町 9-1
電話（代表）03 (3260) 6148
振替 00180-1-9991

印刷・製本……モリモト印刷株式会社

ISBN 978-4-400-30004-5　C1316